기록보존소의 기록관리 : 업무편람

Managing Archives : A Procedures Manual

이젬마 역 │ 한국국가기록연구원 감수

진리탐구

🌑 발간사

　지금으로부터 6년 전 한국국가기록연구원이 출범하였다. 지난 시간을 회고해보면 아쉬움도 있고 또 앞으로 해야 할 일도 산적해 있다. 그러나 한편으로는 나름대로의 뿌듯함을 느끼기도 한다. 시민기록문화전, 기록문화 시민강좌 개설, 심포지엄, 기록문화상 제정, 한국기록학회 조직, 월례발표회, 한국기록관리학교육원 개원 등등, 모두가 우리의 기록문화 발전에 초석이 될 것임은 분명하다.

　연구원의 출범과도 무관치 않지만 우리의 기록문화에 또 하나의 이정표라고 할 수 있는 것은 기록물관리법령의 제정이다. 법령의 제정으로 이제 우리도 근대적 기록관리체제에 들어갔다고 말할 수 있게 되었다. 그러나 법령의 제정이 바로 실시로 이어지지는 않는다. 죽어있는 법령이 얼마나 많은가. 새로운 법령이 제정되면 이에는 크고 작은 '저항과 편승'이 있기 마련이다. 새로운 기록관리법령에 대한 '저항'은 현재 법령상 존재해야할 자료관의 설치 실태만을 보아도 잘 알 수 있다. 새로운 법령에는 공공기록물은 전문가(기록물관리전문요원, 아키비스트)가 관리하게 되어 있고 이들 전문가의 자격 요건도 규정되어 있다. 이에 몇 년도 안된 사이에 많은 대학에서 기록관리학 대학원과정이 신설되었다. 물론 모두가 기록관리분야 전반을 위해서는 발전적인 변화이다. 그러나 그 내실을 보면, 즉 교수, 교재, 참고도서, 실습실 등의 면에서 보면 부실하기 짝이 없는 경우두 있다 이는 새로운 법령에 대한 '편승'이라고 할 수 있다.

　그러나 '저항과 편승'을 탓하고만 있을 수는 없다. 사실 '저항과 편승'의 가장 큰 원인은 기록관리에 대한 이해의 부족일 것이다. 이를 위해 연구원은 과감히 ICA 총서시리즈를 번역하기로 결정하였다. 단순한 번역은 아니다. 권수로도 30권이 넘는다. 양도 양이거니와 여러 사람이 나누어 번역할 수밖에 없기에 통일성을 기하기가 무척 어려우리라 예상된다. 그럼에도 불구하고 한국 기록관리학의 기초를 놓는다는 심정으로 번역을 시작하였다.

　본 총서시리즈는 국제기록관리재단(International Records Management Trust)과 ICA에서 공동으로 추진한 결과물로, 국제적으로 널리 이용될 수 있는 최선의 기록관리 업무 방식 도출을 목적으로 하였다. 또한 기록관리 전문가 외에도 체계적으로 기록학에 접근하지 못했던 사람들에게 학습모듈을 제공하려는 의도에서 만들어졌다. 이 때문에 기록관리시스템이 불충분하거나 적절한 기록관리 교재와 교육인프라가 결핍된 국가에게는 유용한 교재가 될 것이다.

기록관리 분야의 실무와 학문이 발전일로에 있는 우리 나라에서도 이 교재의 보급이 시급함은 물론이다. 앞으로 이 학습교재가 공공부문의 기록관리전문가를 위해서 뿐만 아니라 민간부문에서도, 그리고 아키비스트의 업무능력과 전문성을 높이는 데에서도 널리 활용되기를 바란다.

본인은 2000년 9월, 연구원을 대표하여 스페인 세빌리아에서 개최된 ICA총회에 참석하였다. 회의 규모의 크기에도 놀랐지만 개최국의 선진적 기록관리 및 보존에도 놀랐다. 아시아에서는 유일하게 1996년 중국의 북경에서 개최되었다고 하니 중국의 문화적 깊이를 보여주는 듯하다. 한국의 서울에서 ICA총회가 열릴 기록관리 선진국을 기대하며, 본 역서가 그런 기대에 일조하기를 바라마지 않는다.

본 역서를 내면서 감사드려야 할 분들이 있다. 먼저 한국국가기록연구원의 참뜻을 이해하여 저작권에 대한 비용을 과감히 포기해준 ICA 관계자 여러분들에게 감사의 뜻을 표하고자 한다. 또 상업성을 떠나 선뜻 출판을 맡아주신 진리탐구의 조현수 사장님 및 편집부 일동에게 진심으로 감사드린다. 마지막으로 그다지 좋지 못한 조건에도 불구하고 번역을 흔쾌히 맡아주신 번역자 여러분들에게 깊은 감사를 드린다.

김학준(한국국가기록연구원 원장)

🌑 역자 서문

이 책『기록보존소의 기록관리 : 업무편람』은 영구보존의 가치가 있는 기록이 영구기록보존기관으로 이관되었을 때 그 기록을 관리하는 절차를 다루고 있다. 즉, 영구기록을 보존하는 기록관리기관의 일반운영 항목, 기록의 이관 및 인수, 보존관리, 정리와 기술, 기록관리기관의 참고서비스와 대외홍보사업, 또, 해당업무에 필요한 여러 가지 서식이 포함된 기록관리기관의 업무의 절차를 기술한 간략한 업무편람이라 볼 수 있다.

우리나라의 공공기록물관리법에서는 기록물관리기관의 종류를 자료관, 특수자료관, 전문관리기관으로 구분하고 있으며 이 편람을 우리나라의 실정에 적용하자면 영구기록관리기관인 전문관리기관의 업무에 해당되는 편람이라 볼 수 있겠다. 이 업무편람이 궁극적으로 추구하는 것은 기록의 효율적인 관리를 통해 기록의 이용에 관한 조언과 편의를 모든 잠재적 이용자에게 제공하려는 것으로 업무편람을 새로이 작성하거나 수정해야 하는 기관에서 일종의 지침으로 활용할 수 있도록 하기 위한 것이다.

1999년 공공기록물관리법 제정이래 국가기록원을 비롯한 학계, 관련기관에서는 선진외국의 기록관리이론을 연구·검토하고 우리의 실정에 알맞게 적용하려는 노력을 계속하고 있다. 이제 우리의 기록관리업무도 국제적으로 인정받은 이론과 표준지침을 수용하고 받아들여 국제적인 수준으로 발전시켜야 하는 것이 우리의 과제라 할 수 있을 것이다.

역자가 1996년 처음 정부기록보존소에 임용되었을 때와 지금의 현실을 비교해 보면 기록관리업무는 엄청나게 많은 변화와 시행착오를 겪었고, 그러면서 장족의 발전을 거듭해 왔다는 것을 느낄 수 있다. 그러나, 역자가 현재까지 8년간의 세월을 근무하는 동안 느낀 것은 그러한 변화나 발전은 하루아침에 일어나는 것이 아니라, 작은 시냇물이 모여 큰 강물을 이루고 바다로 흘러가듯 기록관리에 대한 작은 열정과 노력들이 쌓이고 또 쌓여 지금의 현실이 되었고 또 미래가 될 것이라는 것이다. 역자가 정부기록보존소의 한 평범한 직원으로서 선진외국의 기록관리이론에 관심을 갖기 시작했을 무렵 전문위원으로 재직했던 오항녕

위원의 권유로 이 책의 번역을 시작했지만, 번역과정 내내 너무나 부족한 점이 많다는 것을 느끼면서 번역의 수락을 후회한 적도 적지 않았다. 출판과정까지의 우여곡절도 컸지만 한 번 시작한 용기가 있다면 그 용기로 마무리도 지어한다는 각오로, 창피하지만 이 책을 세상에 내 놓게 되었다. 앞서 말했듯이 이 책의 오류나 미숙한 점에 대해서는 독자 여러분들의 너그러운 이해를 바라며 이런 바탕 위에 좀 더 훌륭한 연구결과들이 도출되기를 바라는 마음이다.

끝으로 이 책의 번역에 바쁜 시간을 쪼개어 기꺼이 도움을 주신 이상민 전문위원께 감사드리며 역자와 같이 기록관리기관에 근무하는 분들만이 쌓을 수 있는 경험과 사명감을 바탕으로 이 분야의 연구에 용기를 갖고 뛰어드는 분들이 점점 많아지기를 바라는 마음이다. 누군가의 용기와 희생이 없이는 세상은 발전할 수 없다는 진리를 다시 한번 기억하며 단편적인 지식보다는 저자가 전달하려고 했던 메시지가 독자에게 제대로 전해졌기를 간절히 바랄 뿐이다.

2004년 10월

이 젬 마 씀

차례

그림

기록보존소의 기록관리 : 업무편람

　정부, 기업, 조직내에서 기록관리기관은 중요한 가치를 지닌 기록을 영구 보존할 책임이 있는 중요한 기관이다. 기록이 현재 사용 중일 때에는, 『현용기록관리 : 업무편람(Managing Current Records : A Procedures Manual)』에서 다룬 바와 같은 절차에 따라 문서과(records offices)에서 관리한다. 기록이 문서과에서 자료관(records centre)으로 이관되면, 『자료관의 기록관리 : 업무편람(Managing Records Centres : A Procedures Manual)』에서 서술하였듯이 자료관에서 관리한다.

　『기록보존소의 기록관리 : 업무편람』은 기록이 자료관에서 영구 보존을 위하여 영구기록보존기관으로 이관된 뒤에 기록을 관리하는 절차를 다룬다. 전문기관의 직원은 영구기록관리 기준에 따라 기록을 수령하고 처리토록 하고, 물리적으로 보관, 보호하며, 공공이 활용하도록 해야 한다.

　기록관리기관은 공적인 장치이며, 그 직원은 모든 사용자에게 보존소에 있는 소장물의 사용에 관한 조언과 편의를 제공하여야 한다.

용어정의

　이 편람에서, '문서과'(records office)란 등록부서(registry)나 현용 파일을 생산, 간수하는 단위를 가리킬 때 사용한다. '자료관'(records center)이란 준현용 파일을 책임지는 기관을 말한다. '기록관리기관'(archival institution)이나 '영구기록보존소'(archival repository)란 지속적 가치를 가진 기록에 대한 보존 책임을 지는 시설을 말한다. '아카이브즈(archives)'가 소문자 a로 쓰인 경우에는, 기록보존소에 보존된 실제 기록을 가리킨다.

　기록관리기관, 자료관, 문서과를 통제하는 기관을 통틀어 '기록관리행정기관'(records administration)이라고 한다. 어떤 정부나 업무상황에서는, 기록관리기관이 모든 기록보관 기능을 수행한다. '지역사무소'나 '지역기록관리기관'은 지역 또는 지방에 근거를 둔 기록관리기관의 단위이며, 기록관리기관 본부가 지휘하거나 본부와 협조하여 기능을 수행한다.

이 편람은 일반적인 의미에서 '문서과', '자료관', '기록관리'란 용어를 사용한다. 편람 학습자는, '국립기록보존소'(National Archives), '지역자료관'(Regional Records Center), '기업기록관리'(Corporate Records Administration) 등 적절한 용어를 적용해야 할 것이다. 어떤 예나 교시는 정부업무처리와 관련되지만, 학습자는 이런 정보를 적절히 기업, 조직, 개인의 영구기록관리 활동에 적용해야 한다.

편람에서 보존소 직원의 지위는 문맥에 따라 다양하게 사용된다. 국가기록물관리기관의 장, 기록관리기관(전문관리기관)의 장, 과장 등의 용어로 쓰인다. 가능하면, 일반적인 용어를 사용하였으며, 이 편람을 이용하는 사람들은 각각의 관리기관에 상응하는 적절한 용어로 바꾸어 사용해도 무방하다.

본 편람에서는 국제표준에 부합하도록 다음의 용어를 사용한다.

- 그룹(Group. 퐁(Fond)이라고도 한다) : 독립적으로 생산되는 단위나 기관 차원을 기준으로 하는 영구기록물 정리의 기본적 구분, 영구기록물군(archives group)이라고도 한다.
- 시리즈(Series. 클래스(Class)라고도 한다) : 같은 기능이나 업무추진과 관련되었거나, 같은 형식을 취하고 생산, 접수, 활용과정에서 관련성을 갖는 관청이나 기관, 개인의 파일이나 기록물의 정리 단위. 파일시리즈 또는 기록물시리즈라고도 한다.
- 아이템(Item. 파일이나 볼륨같은 처리 단위) : 정리 및 기술의 기본단위. 통상 고유의 참고번호가 붙는다. 영국에서는 피스(piece)라고 한다.

이 편람의 구성은 다음과 같다.

들어가기
1장 : 운영일반
2장 : 기록관리기관으로의 영구보존기록물 이관
3장 : 보존시설의 조직과 관리
4장 : 기록물의 정리와 기술
5장 : 참고서비스와 대외홍보사업
6장 : 각종 서식

복습과 복사에 편리하도록 모든 서식과 표는 편람 맨 뒤에 수록하였다.

운영일반(General Management)

기록물관리기관내에는 분명한 경영조직이 있다. 기록관리기관(archival institution)의 장은 기록물관리기관의 장이라는 것을 지칭한다. 부서의 장이나 지방사무소의 장은 모두 경영팀을 구성한다.

기록관리기관을 위한 전단계의 전략은 경영팀과의 협의 하에 기록물관리기관의 장이나 영구기록보존기관의 장에 의해 설계된다. 다음에 각 부서의 장이나 지방사무소의 장과 협조하여 계획이나 프로그램의 전략을 개발하는 것이 기록관리기관의 장의 의무이다. 다음으로 이러한 계획과 프로그램은 직원 개개인이나 조직원 그룹, 부서를 위한 계획 속에 전달될 것이다.

국가, 지역 또는 개별적 프로그램들은 모두 매년 초에 문서화되고 결정된다.

단체이건 개인이건 간에 모든 프로그램들은 날마다 비공식적으로 모니터되어야 한다. 거기에는 적어도 1년에 4회씩 있는 회의와 같은 공식적인 모니터과정도 포함된다.

지역사무소의 프로그램들은 주로 그 지역사무소의 소장이나 부소장이 포함된 분기별 회의에서 검토되어야 한다. 개인적인 계획 역시 모두 검토되어야 한다. 모든 검토작업은 정부나 조직의 규정에 따라야 한다.

긱긱의 계획에 대한 세부사항과 함께, 보는 조직 구성원들에게는 그들이 수행해야 할 업무를 명백히 나타내는 문서화된 직무분석(job description)이 주어져야 한다.

1. 교육

기록관리기관의 모든 새로운 직원들에게는 그들의 근무조건과 관련하여 모든 필요한 정보가 주어져야 한다.

모든 새로운 직원들에게는 다음과 같은 것들에 대한 교육이 필요하다.

- 보안

- 기록의 처리
- 정리절차
- 그들이 담당하는 기록물의 고유성과 중요성

2. 업무편람

이 교재 『기록보존소의 기록관리 : 업무편람』은 기록관리기관 자체 내 업무편람에 기초가 될 것이다. 기록보존소 직원 개개인 중 1명은 편람의 편집자로 지명될 것이다. 특정업무를 위임받은 이 직원은 편람의 본문전체를 관리할 것이다. 본문에서의 모든 변화는 그를 통해 처리되어야 한다. 그는 편람의 관리 및 배포를 통제할 것이다.

그때그때의 변화에 알맞도록, 해당부서나 지역사무소에서 관리하는 편람의 일부분은 추록식으로 가제되어야 하고, 모든 페이지에는 가제날짜가 기입되어야 한다. 담당직원이 보내는 갱신분 및 추록은 반드시 그 날짜가 기입되어야 한다.

3. 서식 및 등록대장

서식 및 등록대장은 인쇄되기 전에 관리팀의 승인을 받아야 한다. 서식의 사용 및 출력형식은 기관의 업무편람에 포함되어 있어야 한다.

직원 중 1명은 기록관리기관에서 사용되는 모든 서식과 등록대장의 넘버링, 디자인, 출력형식 및 인쇄에 관련된 업무를 수행해야 한다. 지역기록관리기관의 장은 적절한 서식 및 등록대장이 제공될 수 있도록 본부에 담당직원을 지정해 놓아야 한다.

4. 연차보고서

모든 부서 및 지역사무소는 기록관리기관의 연차보고서에 포함될 보고서를 제출해야 한다. 매년 작성된 보고서의 제출일자가 정해져 있어야 한다. 직원 1명은 연차보고서에 필요한 자료의 제출일자를 협의하고 출력형식 및 세부디자인(presentation details)에 대한 모형을 제시할 책임을 맡게 된다.

보고서를 위한 통계나 기타 데이터는 원하는 대로 편집될 것이다. 통계작성방법이 개발되어야하고, 다음과 같은 데이터에 대한 정보가 편집되어야 한다.

- 기록관리기관이 인수한 기록물의 양(박스, 기록물군(group), 시리즈(series), 기록물건(item)별)
- 처리된 영구기록물의 양(상자나 기록물군의 수, 시리즈번호 등에 의해 산출)
- 정보공개 청구 횟수
- 정부기관으로부터의 공개요청
- 내방 연구자(in-person researchers)로부터의 공개요청
- 외부 연구자로부터의 공개요청(전화, 우편, 기타통신)
- 열람증 및 방문증의 수
- 열람시 사용된 기록물건의 수
- 인증된 복사본의 수
- 제출 및 응답처리된 질의의 수
- 보존 및 수선된 기록물건의 수

또 다음과 같은 문제에 대한 정보도 제공될 수 있을 것이다.

- 직원
- 훈련 및 직원능력개발
- 중요한 기록물의 수집
- 발행된 검색도구 및 출판물
- 보존계획의 과정
- 출장소의 활동
- 전시관
- 방문객/여행객
- 개최된 강연
- 직원들의 연구활동
- 보존 및 수선된 기록물건의 수

제2장

기록관리기관으로의 영구기록물 이관

　이 장에서는 기록관리기관으로 기록물을 이관하는 과정, 즉, 기록물의 도착에서부터 기록 보존소(repository) 최종배치까지의 전 과정을 다룬다. 이 장의 목표는 기록물이 기록관리기관 에 도착하여 효율적인 방법으로 처리되고 안전하게 보존되어야 한다는 것을 제시하기 위한 것이다. 이 장에서는 도서관 자료의 수집은 다루지 않는다. 그러한 자료는 별도로 다루어져 야 할 것이다.

　기록물은 다음과 같은 기관으로부터 기록관리기관에 도착하게 된다.

- 자료관
- 문서과
- 비정부 또는 비법인기관
- 개인

　기록물이 어디에서 이관되느냐에 따라 이관을 위한 사전준비 방법이 결정지어지게 된다. 모든 경우는, 반드시 문서화되어야 한다.

- 어떤 단체, 어떤 개인이 이관하는가
- 정확히 무엇이 이관되는가
- 자료의 인수 및 이관과정동안 기록관리기관이 행해야할 일은 정확히 무엇인가

　이러한 정보는 기록보존소가 그 행위를 설명하고 기록물의 출처(provenance)에 대한 정보 를 보존할 수 있게 하기 위해 필요하다. 보존소 직원은 이관 및 인수과정 중 기록물의 안전 및 모든 문서처리가 정확하며 최신의 것으로 갱신되도록 책임을 져야 한다.

　모든 기록물은 기록관리기관에 이관되기 전에 평가되어야 한다. 자료관에서 이관되는 기 록물의 평가는 기록물관리기관의 장의 감독 하에 자료관 직원이 책임지게 된다. 여기에 대 하여는 『자료관의 기록관리 : 업무편람』(The Managing Records Centres : A Procedures Manual) 의 지침을 따라야 할 것이다. 정부 내의 생산기관으로부터 이관된 기록물의 평가는 기록관 리기관의 직원과 협의하여 문서과 직원의 책임이 된다. 비정부기관 기록물에 대한 평가는

기록관리기관(archival institution) 및 기록관리행정기관(records administration)의 책임이다.

일단 기록보존소에 이관이 되면, 기록물은 영구기록물이 되며 기록물 법령 또는 규정의 특정조항에 따르게 된다.

Ⅰ. 기록물의 인수

만약 기록물이 자료관 또는 이관기관의 문서과로부터 직접 도착할 경우 이관에 앞서 다음과 같은 사전작업이 행해져야 한다.

- 처리일정표(disposal schedule)에 따른 이관을 위한 평가 및 선정
- 세척 및 정리
- 철핀, 클립, 스테이플 등의 제거(이들은 녹이 슬어 기록물을 손상시킨다. 가능하다면 플라스틱, 또는 놋쇠와 같은 비철금속 등으로 대체되어야 한다)
- 필요한 식별정보가 기입된 라벨을 기록물건에 부착
- 상자포장(만약 박스이용이 불가능하다면, 자료는 종이 보호막이 처리된 끈으로 잘 묶어야 한다)
- 목록, 즉, 시리즈명, 원 생산기관의 파일번호 및 문서제목, 생산연대 등의 기입(기관 내에서의 이관일 경우, 자료관 이관목록이 사용되며 이관되는 기록물의 시리즈 및 개별 건에 대해 주석이 붙을 수도 있다)
- 이관서식의 작성(그림 1)

자료관의 절차에 따라, 자료관의 장은 이관에 앞서 기록관리기관에 요약목록 및 이관서식을 송부해야 한다. 또한 적절한 이관일시를 협의해야 한다.

문서과로부터 직접 기록물이 이관될 경우에는 동일한 준비작업이 문서과 직원에 의해 행해져야 한다. 문서과의 장은 이관일시에 대해 기록관리기관과 연락을 취해야 한다.

기록관리기관의 직원(기록물관리전문요원)은 비정부기관 또는 개인으로부터 도착하는 기록물의 처리절차에 책임을 지게 된다. 만약, 기록물의 이관준비가 되어 있지 않다면, 전문요원은 기록물이 보존소의 최종 보관장소에 배치되기 전에 물리적인 준비를 해야 한다. 이 업무에는 평가, 정리, 상자포장, 라벨부착, 목록작성 등이 포함된다.

기록물이 기록관리기관에 도착하게 되면 전문요원은,
- 해충에 의한 감염 및 부식의 징표가 있는지 검사하고 적절한 조치를 취해야 한다.

- 기록물에 라벨이 제대로 부착되었는지 확인한다.
- 새로운 이관을 제외하고 이들을 안전한 임시 보관소에 배치한다.
- 이관서식 및 이관목록/요약목록(summary list)에 대해서 실제로 이러한 기록물에 대한 준비작업이 이루어졌는지, 또 있어야 할 모든 기록물건이 다 포함되어 있는지 확인한다.
- 이전에 어떤 준비작업도 행해지지 않았다면 이관서식을 작성하고 기록물을 이관한 기관의 장으로부터 이관서명을 받아둔다.
- 이관등록부를 기입한다(그림 2).
- 이관기관이 기록물이관에 대한 기록을 남길 수 있도록 이관승인을 알린다.

전문요원은 무엇보다도 기록물을 인수받은 당일 또는 적어도 5일 이내에 즉시 이관등록부를 기입하는 것이 중요하며 이를 통해 기록물의 정상적인 이관이 문서화되고 모든 문제가 즉시 밝혀질 수 있다.

2. 이관서식의 작성

이관서식은 조직의 법령이나 규정에 따라 기록관리기관에 기록물을 이관한다는 것을 나타내는 공식화된 문서이다. 이관서식은 이관한 기관과 인수한 기관이 모두 서명하게 되어 있기 때문에, 이러한 기록물이관에 대한 동의의 증거가 된다. 서식 자체는 기록관리기관 자체 영구기록의 일부로 이관되도록 안전하고 영구적으로 보존되어야 한다.

이관서식 뒷면은 이관업무를 담당한 직원의 점검목록이다. 목록에 기술된 업무를 행하는 모든 담당자는 업무가 종료되었을 때 이 점검목록에 서명하고 날짜를 기입해야 한다. 기록물이 자료관에서 이관되든, 또는 문서과 또는 기타 어떤 기관에서 이관되든, 각각 이관되는 기록물에 대한 이관서식이 존재해야 한다. 이관서식은 도서관에 수집되는 자료에 사용되어서는 안된다.

가능하다면, 이관서식은 기록물을 이관하는 사람에 의해 작성되어야 한다. 이 서식은 기록물을 동반해야 한다. 또는, 이관에 대한 사전정보를 주기 위해 서식이 먼저 송부될 수도 있다. 만약, 서식이 아직 작성되지 않았다면, 전문요원은 기록물이 도착하는대로 서식을 작성해야 할 것이다. 그러한 경우 기록물 이관에 책임 있는 사람으로부터 서명을 받아놓는 것이 필요할 것이다.

기록물이 시리즈별로 이관되는 경우를 위해 별개의 이관서식을 작성해야 한다.

기록물관리전문요원은 기록물이 출처에 따라 올바른 기록물군에 할당되었는지 확인해야 할 책임이 있다. 완전한 기록물의 참고번호(기록물군 코드, 시리즈, 파일 또는 기록물건 번호)가 즉시 이관서식에 기입되야 한다. 기록물을 그룹, 시리즈, 파일 또는 아이템으로 조직하는 것은 생산기관의 시스템에서 사용하는 조직방법에 따른 것이다.

만약, 기록물이 외부기관으로부터 이관되었다면, 전문요원은 기록물군을 식별하고 출처를 기록하기 위해 충분한 정보가 포함된, 전반적인 위임을 위한 이관서식을 작성해야 한다. 기록물 참고사항(기록물군, 시리즈, 파일 또는 기록물건 등)은 가능한 한 빨리 이관서식에 추가되어야 한다.

만약, 이관 기록물이 현재 존재하는 기록물군에 추가되는 것이고 연속적인 파일/아이템번호와 이전에 기관이 분실 또는 보유했던 개별적인 파일이나 아이템을 포함할 경우, 그러한 기록물이 동일한 기록물건 내지 시리즈의 일부인 한, 동일한 이관서식에 모두 기입되어야 한다.

수행되는 모든 작업을 기입하면서, 안전하게 이관서식원본을 편철해야 한다. 기록물이 보존소의 최종보관소에 배치될 때까지 그 기록물을 식별하기 위해 기록물에 사본을 함께 두어야 한다.

이관에 대한 모든 작업이 종료되었을 때, 기록관리기관의 장은 이관서식 원본의 뒷면에 서명해야 한다. 서식은 이관번호 내에서 그룹 또는 시리즈 번호에 따라 철해져야 한다.

기록관리기관은 완성된 이관서식의 사본을 기록물에 대해 책임이 있는 기관이나 기록보존소의 장에게 송부해야 한다. 최종 기록물건 목록이 이용될 수 있다면, 이들의 사본 또한 송부하여 생산기관이 모든 기록물에 대한 완전한 세부정보를 소장할 수 있도록 해야 한다. 모든 종류의 세부목록 또는 목록기술도 작성될 때마다 별개로 송부되어야 한다.

3. 이관등록부의 작성

이관등록부는 기록물에 대한 책임이 기록물 보존기관으로 접수되었다는 것을 기록하는 공식적인 문서이다. 이관등록부는 또한 기록관리기관으로의 기록물의 이관을 증명한다.

이관등록부는 각 컬럼에 다음과 같은 정보를 포함해야 한다.

- 이관번호
- 인수날짜
- 기록물의 세부정보(시리즈번호, 제목 또는 기술, 생산기간, 박스의 수나 양)

- 출처/이관기관 또는 기증자(알려져 있다면 원 참고번호에 포함됨)
- 영구기록 참고번호
- 비고(규정상의 다양한 법적 비공개기간(보통 30년)의 변경, 기타 열람에 영향을 미치는 사항 등)
- 처리 종료일자

이관등록부는 라벨을 부착시켜 안전하게 보존해야 한다. 이는 기록관리기관을 위한 내부적인 통제도구이며 보통 일반인에게는 공개되지 않는다. 한 권의 등록부가 다 완성되면, 기록관리기관 자체의 영구보존기록물로서 보존되도록 이관되어야 한다.

이관등록부에 기입하기 전에, 전문요원은 이관이 이관서식이나 관련된 다른 목록에 있는 정보와 일치하는지, 이관이 완전히 종료되었는지를 확인해야 한다. 만약, 어떤 자료가 빠졌거나 간지에 의해서도 설명되지 않는다면, 전문요원은 이러한 상황을 분명히 하기 위해 이관한 부서나 기증자와 연락을 취해야 한다.

모든 이관은 이관등록부에 기입되어야 하고, 거기에는 각각의 이관서식에 알맞은 기입항목들이 존재한다.

이관등록부의 각 기입항목마다 독립된 이관번호가 부여되어야 한다. 이 번호는 매년 1월의 '1'에서 시작하는 일련번호로 구성된다. 예를 들어, 98/1은 1998년의 첫 번째 이관을 의미하고 98/2는 두 번째 이관을 의미한다.

이관번호는 이관등록부 기입이 끝났을 때 이관서식의 앞면에 기재될 것이다.

기록물에 알맞은 그룹이나 시리즈를 부여하는 것은 기록관리기관의 책임이다. 만약 자료관이나 문서과에서 이관된다면, 전문요원은 기록물이 도착하기 이전에 적당한 시리즈 및 파일/아이템번호를 결성해야 할 책임이 있다. 그러한 경우 완전한 영구기록 참고번호(그룹, 시리즈, 파일/아이템 번호)가 이관등록부에 기입될 수 있다. 만약, 기록물이 접수되었을 때 전문요원이 아직 번호를 부여하지 않았다면, 자료를 구별하고 추후 영구기록참조번호를 완성할 수 있도록 충분한 세부사항을 기입해야 할 것이다. 이러한 상황에서 이관번호는 일시적인 통제번호로 사용될 수 있을 것이다.

하나의 시리즈에 기록물을 할당하고 기록물에 대한 최종 기술을 기입하는 등 모든 이관작업이 종료될 때까지 이관등록부의 '조치완료' 항목에 서명해서는 안된다.

미결업무의 정확한 상황이 언제든지 파악될 수 있기 위해서는 이관작업이 종료될 때마다 올바른 기입을 하는 것이 중요하다.

한 달에 한번, 기록관리기관의 전문요원은 미결된 이관작업은 없는지 점검하고 합의된 기한까지 이관작업을 마칠 수 있도록 이관등록부를 확인해야 한다. 어떤 이관업무에 있어서도 1년 이상동안 미처리된 상태로 남아있는 작업이 있어서는 안된다.

이관등록부를 작성하기 위한 지침은 다음과 같다.

- 각각의 이관에 대해 각 시리즈마다 별개의 기입을 작성하라.
- 각 항목에 다음의 정보를 기입하라.
  - 이관번호 : 매년 1월에서부터 시작하는 일련번호, 98/1, 98/2 등
  - 이관날짜 : 이관받은 날짜
  - 이관받은 기록물의 세부사항 : 만약 시리즈번호 및 기록제목이 나와 있다면 이를 기입하라. 만약 그렇지 않다면, 자료를 구별하기 위한 간략한 제목이나 기술항목을 부여해야 한다. 또한 생산기간과 박스의 개수, 기타 양을 나타내는 표시를 기입하라.
  - 출처/기증자(source/depositor) : 기록물에 책임이 있는 생산기관명을 기입하라. 만약, 기록물이 자료관으로부터 이관되었다면 기관명 다음에 'RC'를 추가하라.
  - 기록물참고번호 : 그룹, 시리즈 파일/아이템 번호 등 이관시 기록물에 주어진 최종 참고번호를 기입하라. 이들은 결정되자마자 기입되어야 한다.
  - 비고 : 기록물에 적용되는 열람제한사항, 또는 이관으로 인해 분실되었거나 이관 당시 보유하고 있었던 문건의 세부사항을 기입하라. 전문요원이 유용하다고 판단한 기타 다른 주기사항도 여기에 포함시켜라.
  - 인수자의 성 및 날짜기입 : 업무를 담당했던 전문요원의 성과 등록부가 완성된 날짜를 기입하라.

4. 최초의 정리와 기술

정리와 기술은 이 책의 제4장에서 보다 자세하게 설명된다. 여기에서 제공되는 정보는 영구기록보존소(the archival repository)에서 기록물 인수시 초기의 정리와 기술을 의미하는 것이다.

일단 기록물이 이관되면, 담당직원은 그것이 기존의 시리즈에 추가되어야 하는 것인지, 새로운 시리즈를 나타내는 것인지를 결정해야 할 것이다. 가능하다면, 그러한 결정은 기록물이 이관되기 전에 내려져야 하는데, 그래야만 기록물에 대한 참고번호가 기록물에 기재되고 처음부터 그것들을 올바르게 처리할 수 있게 되기 때문이다. 그러나 이것이 항상 가능한 것은 아니므로, 담당자는 기록물 인수 직후 그 기록물에 해당되는 시리즈를 결정해야 한다. 기록관리기관은 소장하고 있는 모든 기록물군과 시리즈를 구별할 수 있도록 기록물군과 시

리즈 등록부를 유지해야 할 것이다(그림 3).

　기록물이 새로운 시리즈에 속하게 된다면, 기록물건 번호는 '1'번부터 시작하게 된다. 만약 기존의 시리즈에 추가되는 것이라면, 이관기록의 첫 기록물건(file/item)은 다음의 기록물건 번호를 따르게 된다. 이 번호는 등록부에서 알 수 있으며, 등록부는 마지막 건번호를 표시할 수 있도록 그때마다 갱신되어야 한다. 만약, 목록의 완전성이 의심되면, 동일한 건번호가 하나 이상에 부여되는 것을 방지하기 위해 시리즈 자체를 다시 확인 해 보아야 한다.

　영구기록보존소의 각 기록물 시리즈에 대해, 시리즈가 포함하고 있는 기록물건목록이 존재해야 한다. 이 목록은 소장기록물에 대한 목록으로서, 또 하나의 참고도구로서의 역할을 하게 된다.

　생산기관의 파일번호, 각 건의 기록물명과 생산기간 등이 기재된 요약목록은 이관 전에 자료관 또는 문서과 직원에 의해 준비되어 있어야 한다. 이는 보통 자료관에서의 이관서식에 나타나 있다. 『자료관의 기록관리 : 업무편람』(Managing Records Centres : A Procedures Manual)을 참조하라.

　이러한 요약목록이 준비되면, 전문요원은 다음과 같은 작업을 진행해야 한다.

- 그것이 적절한 기록물 검색도구로서의 역할을 하는지 확인하라.
- 필요한 개선책을 마련하라.
- 목록에 기록물 참고번호를 추가하라.
- 기록물 참고번호가 기재된 라벨을 각 건에 부착하라.
- 기록물 참고번호를 이관서식 및 이관 등록부에 추가하라.

　만약, 이관기관으로부터 아무런 요약목록이 준비되지 않았다면 담당직원은 다음과 같이 하라.

- 물리적으로 기록물을 준비하라.
- 기록물의 목록을 작성하라.
- 기록물의 참고번호 및 생산기간이 기재된 라벨을 각 건에 부착하라.
- 필요하다면 공개기한(언제까지 비공개(closed until))을 추가하라.(이는 추후 기술됨)
- 각 건을 상자에 넣고 상자에 라벨을 부착하라.
- 기록물 참고번호를 이관서식 및 이관 등록부에 추가하라.

　담당자는 타이핑되고, 교정된 최종목록을 정리할 것이다. 원본은 안전하게 보존될 것이며 사본은 다음과 같은 곳에 비치되어야 한다.

- 공공의 이용을 위해 열람실에 1부
- 기록물에 대해 최종 책임이 있는 기관에 1부
- 작업 및 참고도구를 위해 1부

담당자는 필요에 따라 기록물 시리즈 등록부 및 기타 검색도구를 갱신해야 한다. 검색도구에 대해서는 제4장에서 다룰 것이다.

이관기록이 방대하고 복잡한 것과 같은 예외적인 상황에서는, 정리와 목록을 신속히 끝내는 것이 불가능할 수 있다. 그러한 경우, 이관번호가 붙은 상자에 넣고 라벨을 부착한 다음 이관에 대한 기타 다른 업무가 수행되어야 한다. 그러나 이관이 등록부에 완료된 것으로 표시되어서는 안된다. 이는 담당자가 아직까지 작업이 요구된다는 사실을 간과하지 않도록 해준다.

5. 새로운 이관기록물의 보관

기록물에 해충의 침해나 부식 등의 징표가 있다면 담당직원은 그 기록물이 보존서고에 다른 기록물과 함께 배치되기 전에 조치를 취해야 한다.

> *물리적 보호에 대한 정보는 『기록물 보존』(Preserving Records) 에 나와 있다.*

모든 종이기록물은 가능하다면 습기, 빛, 해충, 먼지 등 기록물의 훼손원인으로부터 보호될 수 있는 상자에 담겨져야 한다. 상자는 오랜 기간 사용해도 충분할 정도로 질기고 강해야 한다. 그러한 상자는 기록관리 표준을 따라야 한다. 즉,

- 상자는 기록물을 훼손시키지 않는 재질로 만들어져야 한다.
- 상자를 구성하고 있는 보드는 적어도 두께 1.5mm로, pH 농도 5-8사이로 산성을 띄지 말아야 한다.
- 스테이플 및 잠금쇠는 부식되지 않는 플라스틱이나 놋쇠, 비철금속이어야 한다.

만약, 기록물이 상자에 들어가지 않는 크기나 모양이어서, 또는 상자 여분이 없어서 상자를 사용할 수 없다면, 담당직원은 기록물을 다발(bundles)로 묶고 적절한 보호표지를 씌워야 한다. 보통 이는 양질의 종이로 기록물을 다발로 감싸고 면 테이프로 된 끈으로 안전하게 보호한다는 것을 의미한다. 기록물 다발에는 내용물을 구별할 수 있도록 박스에 라벨 부착

과 같은 방식으로 기록물 참고번호가 기재된 라벨이 부착되어야 한다.

　모든 상자와 다발은 내용물의 기록물군, 시리즈, 건번호를 명백히 알 수 있도록 라벨이 부착되어야 한다. 가능하다면 인쇄된 라벨이 사용되어야 하지만, 그렇지 못한 경우 고무인을 사용할 수 있다. 라벨은 승인된 형식으로 인쇄된 뚜렷한 검정색으로 표시되어야 한다.

　지도와 도면은 가능하다면 밀폐용기에 보관해야 한다. 이것이 불가능하다면, 보호용 카드보드에 말아 넣거나 면 테이프로 포장하여 보관해야 한다.

　마이크로필름이나 영화필름은 플라스틱이나 비철금속상자에 넣어 플라스틱 릴에 감아서 보관해야 한다.

　사진은 중성앨범이나 분리된 중성 폴더에 넣어 상자에 보관해야 한다.

　일단 기록물이 세척, 라벨링, 목록, 상자포장, 확인이 끝나면, 보존서고로 이동할 준비가 된 것이다.

　시리즈별에 따른 보존이 보통 기록관리기관에서 기록물을 정리하는 방법이다. 이러한 정리방법에 따라, 전체 시리즈가 파일과 건번호의 순서대로 함께 보존된다. 그러나 한 기록물군에 해당되는 모든 시리즈가 함께 보관될 수 있는 것은 아니다. 이는 상자의 계속적인 재정리를 요구하기 때문이다.

　어떤 경우, 하나의 시리즈 전체는 한 장소에서 보관할 수 없는 경우도 있다. 그러한 경우, 전문요원은 시리즈를 분리하고 한 곳 이상의 장소에 그들을 보관해야 한다. 그러나 이관기록이 새로운 건번호 뿐만 아니라 그 이전의 이관시 분실되었던 문건을 포함하고 있다면 이전에 빠진 문건은 건번호 순서대로 적합한 위치에 삽입되어야 하고 간지(dummies)는 제거되어야 한다.

　담당직원은 보존위치 등록부(그림 4) 및 보존소의 도면을 사용해 긱 이관기록이 보관될 위치를 결정해야 할 책임이 있다.

　30년 이상 영구기록에 대해서는 특별한 보존방법이 취해져야한다. 'CLOSED UNTIL(비공개기한)'이라는 단어를 사용해 공개되는 시기를 표시할 수 있도록 기록물에 특별한 라벨이 부착되어야 한다. 추가라벨은 기록물의 보존기한을 나타낼 수 있도록 상자나 다발에 고정되어야 한다.　라벨의 예는 그림 5에 나와 있다.

　이관기록이 특별히 민감한 아이템을 담고 있어 특별히 안전보관이 요구된다면, 이러한 기록물은 열쇠가 있는 보존서고에 배치되어야 한다. 이러한 자료를 찾기 위해서 직원은 다음과 같은 조치를 취해야 한다.

- 위치등록부에 기록물건에 대한 별개의 기입을 작성하거나
- 직원이 알 수 있도록 문건의 위치에 간지를 삽입한다.

기록물이 서고에 배치되면, 담당직원은 위치등록부에 그 위치를 기입해야 한다. 직원은 또한, 공간이 어디에서 얼마나 이용가능한지 알 수 있도록 보존서고 평면도를 갱신해야 한다.

평면도는 각 서가 구역의 형태 및 위치를 보여준다. 한 구역내의 모든 서가가 이용될 때까지 직원은 'X'표시로 그 구역에 표기해야 한다. 한 구역의 어떤 서가가 아직까지 비어 있다면 '/'표시를 해야 한다. 갱신을 쉽게 할 수 있도록 이러한 표기는 연필을 사용해야 할 것이다.

이관기록이 서고로 이동할 준비가 끝났을 때, 담당직원은 충분히 비어 있는 서가를 찾을 수 있도록 평면도를 사용할 수 있다. 이관기록이 서가에 배치되거나, 한 곳에서 다른 곳으로 이동되면, 직원은 평면도를 반드시 갱신해야 한다.

열람실에서 가장 가까운 보관서고에는 몇 개의 서가가 예약되어 있어야 한다. 이는 다음 날 이용자가 또다시 찾는 기록물의 밤샘보관(overnight storage)을 위한 것이다. 이러한 예약된 서가도 평면도에는 사용되고 있는 것으로 표시되어야 한다(그림 6을 참조하라).

일단 기록물이 보관서고에 배치되고 그에 대한 정보가 위치등록부에 기입되면, 실질적인 이관절차는 종료된 것이다.

매년 실시하는 정수점검은 결함이 있는 상자, 라벨, 테잎 등 직원이 특정 문제점을 발견할 수 있도록 해 줄 것이다.

6. 소장위치등록부의 작성

소장위치등록부를 작성하기 위해서는 다음의 지시를 따라야 한다.

1. 각각의 기록물군에 대하여는 각각 별개의 페이지를 사용하라.
2. 번호 순서대로 정리하여 각 시리즈마다 별도로 기입하라.
3. 다음 형식과 같이 위치를 기입하라.

   보관소 번호(repository number)/서가구역 번호(bay number)/서가 기호(shelf letter)

   예를 들어, 3/598A은 3번서고, 598구역, A서가라는 뜻이다.

4. 전체 시리즈가 일련의 서가에 함께 배치될 경우, 시리즈번호와 첫 번째와 마지막 건번호를 기입하라.

   예) RG1/2   3/598A-E

5. 만약, 시리즈가 하나이상의 장소에 나뉘어지게 된다면, 각각 분리된 시리즈의 범위를 알 수 있도록 각 위치를 별도로 기입해야 한다.

예를 들어,   RG1/2/1-72   3/598A-E

RG1/2/73-904   3/42A-62C

7. 이관작업의 종료

전술한 모든 작업이 완료되면, 권한이 있는 직원은 완료를 확인하고 작업이 완료되었음이 나타내도록 이관서식 뒷면에 서명해야 한다. 그 다음 이관서식을 복사하여 1부는 기록물을 이관한 기관이나 자료를 기증한 개인과 같이 기록물에 책임이 있는 기관에 송부해야 한다. 이관서식 원본은 시리즈와 이관번호에 따라 바인더에 파일링되어야 한다.

8. 외부기관으로부터 이관된 기록물

비정부기관이나 단체로부터 기록물이 인수되면, 전문요원은 기록물의 인수조건 등을 협의해야 한다. 이러한 조건은 기증자와 기록관리기관이 서명한 별도의 동의서나 이관서식에 표시되어야 한다. 다음과 같은 점들이 분명히 나타나야 한다.

- 기록물의 소유권이 기증자에게 있는지, 기록보존기관으로 이관된 것인지의 여부
- 이관을 전후해 최종 결정자를 포함한 평가 관련 사항
- 영구보존의 가치가 있는 기록물의 서리
- 기록물의 공공열람에 대한 제한 관련 사항
- 저작권, 출판권 등을 포함해 이용자에게 사본의 제공에 관한 사항
- 검색도구의 사용, 출판, 저작권에 대한 사항
- 기록관리기관의 장의 재량으로 기록물이 전시용 또는 대외홍보사업(the outreach projects)에서 사용될 수 있는지의 여부

기록관리기관의 장은 기증자로부터 이관이 취소될 경우, 보관, 보존, 기술 및 생산비용(production cost)을 위해 어떤 보상이 제공되어야 한다는 것에 대해 기증자로부터 동의서를 받을 가능성을 고려해야 한다. 다시 말해서, 기록물관리기관의 장은 그러한 업무에 재원이 제공된다는 점에서 계약을 확실히 하고자 할 것이다.

비정부기관으로부터의 기탁기록물은 특정 기록물군이 한번이상의 기탁기록물로 인수되

더라도 하나의 기록물군으로 한다.

외부기관으로부터 기록물 이관시 2단계의 이관절차가 필요하다.

1. 자료의 성격 및 소재를 명확히 하라. 이러한 상항은 초기 계획과 관련되며, 어떤 연구나 조사프로그램이 수반된다. 그 다음 기록물이 위치해 있는 장소에 가서 이관조건 협상을 마무리 한다.
2. 이관을 위한 자료를 준비하라. 이러한 사항은 자료의 정리, 기술, 세척이나 물리적 준비, 상자나 포장 등을 행하는 것과 관련된다.

기록물생산자는 공식적인 기록물관리프로그램을 따르지 않았으므로, 기록관리기관의 장은 사전준비절차의 일부 또는 전부를 생략할 수 있으며 기록물이 도착했을 때 기록물을 처리할 수 있는 다른 정리방법을 준비해야 할 것이다.

9. 기록물 사본의 이관

다른 보존소에서 소장하고 있던 원본기록물의 마이크로필름이나 기타 다른 사본도 원본과 같은 방식으로 이관되어야 한다. 담당직원은 사본이라는 것을 분명히 나타낼 수 있도록 기록물에 적절한 번호를 부여하고 목록을 작성하며 검색도구내에서 기록물을 기술해야 한다.

기록관리기관 자체가 소장하던 원본의 마이크로필름이나 기타 사본은 같은 방식으로 이관될 필요는 없지만 기록물 사본 등록부(그림 7)에 기입되어야 한다.

기록물 사본 등록부는 각 기록물군에 대해 작성된 사본의 세부적인 사항을 담고 있다. 다음과 같은 정보가 기록된다 :

- 원본의 참고번호
- 건번호
- 사본유형(마이크로필름, 사진 등) 및 번호
- 위치

기록물 사본 등록부는 라벨이 부착되어 안전하게 보관되어야 한다.

사본등록부의 작성

기록물 사본등록부를 작성하기 위해서는 다음의 지침을 따라야 한다.

1. 각각의 기록물군(group)에 대하여는 각각 별개의 페이지를 사용하라.
2. 각 시리즈마다(전체 시리즈가 사본일 경우), 또한 연속적인 기록물건범위(시리즈의 일부가 사본일 경우)에 따라 별개로 기재사항을 작성하라.
3. 다음의 항목에 대해 세부사항을 기입하라.

- 원본의 참고번호
- 기록물건번호(마이크로필름이나 기타 다른형태 사본의 각각의 릴에는 단일한 일련번호가 부여되어야 한다.)
- 사본의 유형(마이크로필름, 사진)과 번호(사본에 번호가 표기되어 있다면)
- 문서고에서의 소장위치

제3장

보존시설의 조직과 관리

기록관리기관은 소장기록물에 대해 책임질 수 있어야 하고 기록물의 보관 및 취급장소에 적절한 조치가 취해졌다는 것을 보여줄 수 있어야 한다. 문서고라 불리는 보존서고는 기록물이 올바른 순서대로, 안전을 보장할 수 있도록 조직화되고 관리되어야 한다. 이 장에서는 기록관리기관에서의 올바른 보존서고의 관리 및 문서고로부터 기록물을 보관 및 검색하는 일련의 모든 활동에 대한 지침을 제시하고 있다.

기록관리기관의 모든 직원은 다음과 같은 3가지 절대규칙을 따라야 한다.

1. 모든 보존서고는 안전해야 한다. 그곳은 열람자 및 기타 비 인가자가 기록물에 접근할 수 없도록 항상 열쇠 잠금장치가 되어 있어야 한다. 출입은 열쇠와 카드에 의해 통제되어야 하고 열쇠 및 카드도 담당직원에게서만 발급되어야 하고 엄격히 통제되어야 한다.
2. 일단 기록물이 이관되고, 보존서고에 배치되면, 이 매뉴얼에서 제시한 절차에 따라서만 이동될 수 있다. 기록물은 가능한 한 보존서고 외부에 있어서는 안된다.
3. 보존서고 내에서는 금연해야 하고 먹고 마시는 것이 금지되어야 한다. 담배는 화재의 위험이 되며, 음식 및 음료수는 쥐와 세균의 번식을 통해 직·간접적으로 기록물에 손상을 입힐 수 있다.

기록관리기관은 안전과 관련된 일반적인 규정이나 요구사항을 표시해야 할 책임이 있다. 직원이 정해진 규정을 따르지 않을 경우 벌칙이 내려져야 한다.

기록관리기관은 비상시 대책이 준비되어서 그 내용이 모든 직원들에게 알려져 있어야 한다. 모든 직원들은 비상사태시 기록물이 있는 위치가 어디이며 어떤 조치가 필요한가를 주지하고 있어야 한다.

> *기록물 보존을 위한 비상계획에 대해서는 『기록관리 비상계획』(Emergency Planning for Records and Archives Services) 및 『기록관리 비상계획 : 업무편람』(Planning for Emergencies : A Procedures Manual)을 참고하라.*

I. 보존서고의 물리적 유지사항

보존서고는 올바른 방법으로 유지되어야 한다. 적절한 계획에 따라 다음과 같은 조치가 행해져야 한다.

- 바닥은 일주일에 한번씩 청소해야 한다.
- 모든 서가, 상자 및 기타 다른 보존용기와 모든 영구보존기록은 주기적인 단위로 청소 되어야 한다.
- 보존서고에는 기록물과 기록물의 보존 및 이용에 필요한 장비 외에는 어떤 것도 보관 되어서는 안된다. 문서고는 여분의 가구나 장비, 소모품을 보관하는데 사용되어서는 안된다.
- 소규모 테이블, 북카, 사다리를 포함해 적절한 장비가 제공되어 있어야 한다.
- 복도는 직원과 기록물의 안전을 위해 항상 청결하게 유지되어야 한다.
- 전술한 3가지 절대규칙은 반드시 준수되어야 한다.

기록물을 보관하는데 사용되는 서가는 빛이 바래거나 훼손성이 없고 녹슬지 않는 재질이 이상적이다. 우선적으로, 서가는 다양한 크기의 문서 다발과 상자들을 수용하고 여분이 있 으면서도 최대한 사용이 가능하도록 해야 한다.

담당직원은 건강과 안전을 위해 상자 및 문서다발을 들어올리는 기술을 훈련받아야 한다. 해충은 기록물을 훼손시키기 때문에 보존서고에는 분기마다 살충제를 뿌려야 한다. 세균감 염이나 훼손의 증거가 있는 이관기록물은 서고에 배치되기 전에 적절한 조치가 취해져야 한 다. 그러나 이는 그러한 약품 사용에 능통한 전문가의 지도하에 행해지는 것이 바람직하다.

> *위에 제시된 내용을 포함하여 기록물의 물리적 보존환경에 대한 사항은 『기록관리 비상계획』(Emergency Planning for Records and Archives Services)을 참조하라.*

온도 및 습도(Temperature and Humidity Control)

담당직원은 문서고 내의 온도 및 습도에 대한 기록을 유지해야 하며 공기정화기가 적절히 작동하지 않는 때를 감지해 내야 한다. 가능하다면, 각 문서고에서 온·습도계를 이용해 24 시간 동안의 온·습도 기록이 유지되어야 한다. 또한, 그러한 장비는 장비업체 직원에 의해 매달 눈금이 정밀하게 유지되도록 해야 한다.

이것이 가능하지 않다면, 수은온도계 및 수동습도계를 사용해 측정할 수 있다. 최대치 -

최소치 온도계 또한 사용될 수 있다. 측정은 오전과 오후에 실시되며 안전하게 보관되어 있는 등록부에 기록되어야 한다.

종이기록물이 보관된 문서고에서는, 어떤 급격한 변화나 중요한 변수없이 다음의 환경이 유지되는 것이 가장 이상적이다.

- 온도 : 16-20℃ 이내
- 상대습도 : 55-65% 이내

이 범주 밖의 온도나 상대습도, 특별한 파동은 기록물 훼손의 원인이 되므로 이는 매우 중요하다.

마이크로필름, 마이크로피쉬, 사진, 오디오테이프, 필름 등이 보관된 서고에서는 온·습도의 파동을 피하는 것이 무엇보다 중요하다. 이러한 유형의 기록물은 종이보다 훨씬 훼손이 심하기 때문이다. 이러한 경우, 온도는 종이와 같은 상태로 유지하면 되지만 상대습도는 더 낮아야 한다.

- 은 할로겐(아세테이트) 필름 : 15-20% 이내
- 은 할로겐(폴리에스터) 필름 : 30-40%이내
- 디아조 필름 : 15-30%이내

적어도 최소한의 온도와 습도는 종이에 대한 기준의 범위 내에 있어야 한다.

조명(Lighting)

담당직원은 문서고이 조명이 기록물의 안전성, 정확한 대출 및 빈납에 적힙한가를 확인해야 한다. 문서고의 안팎에서 자료를 취급할 때는 전등의 스위치를 올리고 작업으로 인해 기록물에 손상 입히지 않기를 원하거나 전기사용이 불필요할 때는 소등해야 한다.

소화장비(Fire Protection)

문서고에는 항상 효율적인 소화장비가 갖추어져 있는지 확인해야 한다. 이러한 장비는 매년 검사하고 시험해야 한다. 또한 문서고의 적당한 위치에 화재시 비상구 'FIRE EXIT' 표시가 되어 있어야 한다.

서가의 배열 및 라벨작업(Arrangement and Labeling of Shelving)

보존서고 내에 모든 자료의 위치에 대한 기록이 유지되고 서고는 항상 여유가 있는지 확인해야 한다.

이를 위해, 서가단위(bays, shelf)를 기술하는데 사용하는 용어는 혼란스럽지 않도록 일관성이 있어야 한다. 기록물은 정해진 순서에 따라 서가에 배열되어야 한다. 위치 등록부(그림 4)와 문서고 평면도(그림 6)가 유지되어야 한다.

서가군(bays)과 서가(shelves)는 문서고, 서가군번호(bay number), 서가기호(예를 들어, 3/43A, 3/43B 등) 등이 기입된 라벨이 명확하게 부착되어 있어야 한다. 각 서가군 마지막 열 맨 끝에는 서가군 번호의 범위를 나타내는 라벨이 있어야 한다. 모든 라벨은 조작할 수 없도록 하고 (플라스틱 코팅이 가장 이상적임) 서가에 안전하게 부착되어야 한다. 라벨이 열이나 습도에 의해 부착되지 않는다면 상자에 직접 정보를 써 넣어야 한다.

지도보관함(map cabinet) 및 서랍(drawer)도 같은 방법으로 라벨이 부착되어야 한다. 즉, 보관함 번호 및 서랍기호 등

서가에 기록물을 배치할 때 일반적인 규칙은 서가별로 서가 위에서 아래로 또 왼쪽에서 오른쪽으로 이동하는 것이다. 가장 처음의 왼쪽 서가군의 왼쪽 맨 위에서 시작하라(중앙통로를 기준으로 서가열이 마주보고 있을 때). 서가 맨 끝에 도달할 때까지 먼저 상자의 오른쪽으로 서가배열을 계속하고 아래쪽 서가로 이동한 다음 왼쪽에서 오른쪽으로 채워 넣는다. 서가 바닥에 도달할 때까지 이런 방식으로 계속하라. 한 서가가 다 채워지면 다음 서가군으로 이동하여 서가 맨 꼭대기 왼쪽에서 오른쪽으로 다시 시작하라. 왼쪽편 서가군이 채워질 때까지 이런 식으로 계속하고, 다음 열에 있는 맞은편 서가군으로 직접 이동하여 그 과정을 계속한다. 정해진 규칙에 따르는 서가배열은 기록물의 검색 및 재배열을 보다 쉽고 신속하게 할 것이다. 기록물을 서가에 배열할 때 라벨도 확인할 수 있다. 기록물 보관절차 및 위치 기록부, 평면도는 제2장에서 기술되었다.

2. 정수점검

잘못 배치되거나 분실된 기록물을 확인하고, 보존서고내 영구보존기록의 적절한 보호를 위해 보존서가에 대한 정수점검을 매년 실시해야 한다.

정수점검 전에는, 직원에게 대출되거나 이관기관에 대출된 모든 기록물의 반납이 이루어지도록 해야 한다. 직원에 의해 계속적으로 요구되는 기록물은 그 소재가 파악되어 있어야

한다. 정수점검을 항상 최신상태로 유지하기 위해서는 각 기록물건에 대한 새로운 기입은 원래의 기입과 새로운 기입사이에 상호참조로서 대출등록부(그림 8)에 기재되어야 한다. 대출등록부의 사본 2장에는 새로운 대출일자가 기재되어야 한다. 이러한 과정은 기본적으로 정수점검 전에 각 기록물건을 '되돌려 놓는 것'이며 다음해의 기록물관리시스템 하에서 다시 실시하게 된다.

기록관리기관의 보존담당자는 기록물의 물리적 환경을 진단하기 위해 정수점검에 참여해야 한다. 수선 및 긴급처리가 요구되는 기록물에 대한 정보는 문서화되어야 한다. 정수점검 양식은 그림 9에 나타나 있다.

정수점검 과정 중 다음과 같은 사항이 확인되어야 한다.

- 각 시리즈의 위치가 위치 등록부의 각 기재사항과 일치해야 한다.
- 서가 각 시리즈에 대한 건번호는 시리즈등록부의 건번호와 일치해야 한다.
- 수선이 요구되는 문건이 구별되어야 한다. 즉 긴급한 주의를 요하는 기록물은 'unfit for public use until repaired(수선될 때까지 공공의 이용을 금함)'와 같은 방식으로 표시해야 한다.

다음과 같은 세부항목이 기록되어야 한다.

- 부식의 정도 표시
- 해충에 의한 훼손의 표시
- 서가나 상자로부터 망실된 라벨
- 새로운 것으로 교체되어야 하는 상자
- 수리와 교체가 요구되는 서가나 기타 장비

처리가 필요한 사항을 기록하면, 정수점검 양식이 보존담당자에게 넘겨져 보존업무에 대한 계획을 수립하게 된다.

제4장

기록물의 정리와 기술

이 장에서는 기록관리기관이 소장기록물을 정리하고 기술하는 방법을 설명한다. 기록관리기관은 기록물의 출처(provenance) 및 원질서(original order)의 순서를 중시해 국제적으로 승인된 원칙을 따라야하며 기록물의 내용과 형식에 대한 정보를 제공해야 한다. 이에 따라 소장기록물을 문서화하고 열람자에게 정보를 제공하게 된다. 기록관리기관은 또한 국제적으로 제시된 규칙과 지침을 따라야 한다. 특히, 기록관리기관은 ISAD(G)와 같은 국제기록물 기술규칙을 따르는 기록물 기술을 작성해야 한다.

기록물에 대한 배경정보를 제공하기 위해서는 정리와 기술이 끝나기 전에 기록물이 어떻게, 왜 생산되었는지를 분명히 밝히는 것이 중요하다.

이 장에서 설명된 과정은 기록물 이관시에도 적용이 되므로 제2장과 연결시켜 읽어야 한다.

1. 정리의 계층

기록관리기관은 이관된 기록물을 각 기록물건(item)이 속하는 개별적 요소인 기록물군(group)과 시리즈(series)로 구분한다. 이러한 기록물군과 시리즈는 기록물이 생산되어 실제 이용기간 동안 관리된 방법을 나타낸다. 시리즈 내에서 실제적인 건(item)은 파일(file)나 권(volume)과 같은 것을 지칭한다.

기록물군(Group)

기록물군(group)은 하나의 독립된 기관에 의해 생산된 기록물 전체에 주어지는 명칭이다(퐁(fond)이라는 용어 또한 하나의 기관이나 개인 기록물 전체를 지칭하는데 사용되나 이 편람에서는 기록물군이라는 용어를 사용키로 한다) 정부기록물에서, 기록물군은 하나의 부처나 독립기관에 의해 생산된 기록물 전체를 의미하며 이에 속하는 단위들을 포함한다. 예를 들어, 지방행정기관, 지역교육청, 법무부의 기록물이 그런 것과 마찬가지로 대법원 기록물 모두는 하나의 기록물군을 형성한다. 비정부기록물에서는 하나의 조직이나, 정치가, 일반개인에 의해 생산된 기록물 전체가 하나의 기록물군으로서 관리된다.

기록물군의 생산기관이 별개의 기능적인 하부 구조를 가지고, 자체기록물을 생산한다면, 하나의 기록물군 안에는 하위군(subgroups)이 존재한다. 그러나 일반적으로, 본 기관의 기능적인 하부기관이 독립되어 있다면 그 기록물은 하나의 독립된 기록물군으로 취급되어야 한다.

> 하위 기록물군에 대한 정보는 『기록보존소의 기록관리』
> (Managing Archives)를 참고하라.

시리즈(Series)

시리즈는 하나의 기록물시스템에 의해서 생산되고, 또 하나의 시스템 내에서 이용되는 기록물 전체에 주어지는 명칭이다. 일반적으로 시리즈는 생산기관에 의해 수행된 하나의 기능을 나타내며 하나의 시리즈내의 모든 기록물은 단일한 기록물유형을 이룬다. 아키비스트는 기록물을 생산한 기관 내에서 기록물이 정리되었던 방법대로 기록물을 보존 및 복원해야 한다. 이는 등록된 '시리즈'내의 파일들은 서로 함께 존재하며, 기능이나 체계상 동일한 특징을 공유하는 또 다른 기록물의 단위가 된다는 것을 의미한다.

시리즈를 얼마나 동질적으로 만들 수 있느냐는 생산기관의 크기나 그 기록물의 양, 기록물이 보존되는 방법에 달려있다. 예를 들어, 한 기관이 그 기관의 특정기능에 의해 각각 취급되는 몇 개의 크고 분리된 등록된 파일을 가지고 있다면, 그 각각은 별개의 시리즈로 취급되어야 한다. 대규모 재판기록물은 사례연구, 다양한 등기부, 판결문, 주문 기록부 등과 같은 것들을 포함한다. 각각은 하나의 독립된 시리즈로 나뉘어 진다. 반면에 소규모 기록물은 이러한 방법의 분리된 기록물을 포함하지 않으며 영구보존을 위해서는 매우 소량의 기록물만이 선정된다. 그러한 경우, 소규모 재판기록물 모두는 하나의 시리즈 안에 배치하는 것이 보다 일반적이다.

시리즈에는 그 시리즈에 속하는 기록물이 어떤 것인가에 대한 간략한 안내를 제공하는 하나의 시리즈 제목이 부여된다. 시리즈의 제목 결정시는 정보를 위한 시리즈 내용의 세부목록을 보든, 특정 건에 대한 세부목록을 보든간에 연구자나 담당직원에 의해 결정된다. 예를 들어, 대법원의 판결문 시리즈는 'Judgement Books'라 불린다. 대법원의 주문기록부는 'Order Books'라 불린다. 기록물군명과 시리즈명이 조합되어 기록물의 생산주체가 어디이며 기록물에 담겨진 정보가 무엇인가를 제공하게 된다.

때때로, 하위시리즈(sub-series)라 불리는 시리즈와 건 사이의 중간단계가 있다는 것도 알아

둘 필요가 있다. 가능하다면, 이러한 중간단계는 기록물에 부여되는 기록물 참고번호에서 보다는 기록물의 기술과 목록에서 반영되어야 한다.

건(Items)

'건'(item)은 하나의 독립된 기록을 의미하는가 하면, 파일이나 등록부나 지도 등과 같이 정리의 단위를 나타내는 용어이기도 하다. 개별기록은 정리의 단위(또한 기술의 단위)로 취급될 수 있으나 대부분의 경우 하나의 건은 문서들이 포함된 하나의 파일이나 여러 장의 문서가 포함된 철(권)이 된다. 따라서 현행기록물 관리에 대한 다른 모듈과 지침서들은 파일의 관리를 지칭하는 반면, 이 책과 모듈 『기록보존소의 기록관리』(Managing Archives)는 특정 정리의 단위인 파일(files)을 건(items)으로 지칭한다.

2. 시리즈 내에서 기록물의 정리

시리즈 내에서 기록물의 정리는 시리즈의 특성에 영향을 받는다. 기록물은 생산기관에서 활용되는 동안 관리되던 방법으로 정리되는 것이 이상적이지만, 그것이 항상 가능한 것은 아니다. 정리는 기록물의 대부분이 보존용으로 선별되지 않았다거나, 이전의 정리방법을 알 수 없는 경우와 같이 어떤 상황의 영향을 받게 된다. 어떤 정리방법이 결정되기 전에, 기록물의 법적, 행정적, 역사적 배경을 분명히 이해하는 것이 필수적이다.

정리에는 6가지 유형이 있다.

- 번호순 배열(number order)은 생산기관의 등록시스템이나 기록물 이용기간동안 기록물에 사용한 기타 번호체계의 숫자나 문자-숫자조합에 의한 순서를 말한다. 이는 가장 일반적인 배열방법이며 항상 가장 먼저 고려하게 되는 것이다. 기록물건이 번호순 배열로 정리되지 않는다면, 다른 적합한 배열방법이 결정되어야 하는데 이는 기록물이 선별된 이유와 기록물이 가장 많이 이용될 것 같은 방법을 반영하는 것이어야 한다.
- 연대순 배열(chronological order)은 연, 월, 필요하다면 일자에 의해 기록물건을 배열하는 것이다.
- 알파벳순 배열(alphabetical order)은 지명이나 인명에 기초를 두고 있는 기록물에 자주 사용된다. 이는 또한 어떤 뚜렷한 숫자나 다른 배열방법을 가지고 있지 않거나 매우 광범위한 주제를 포함하는 기록물에도 사용된다. 이는 특히, 주제의 분류가 '농업'(이는

다시 건축, 곡식, 노동, 가축 등으로 나뉘어짐)과 같은 소주제로 구분되어 내려가는 경우 유용하다.

- 계층적 배열(hierarchical order)은 하나의 시리즈가 중요도나 활동상을 나타내는 분명히 정의된 구조를 가진 기관의 기록물로 구성되었을 때 통상 사용되는 배열 방법이다.
- 지리적 배열(geographical order)은 토지기록물과 같이 지리적 위치에 따라 조직되는 기록물의 시리즈에 사용된다.
- 기록물의 유형(record type order)에 의한 배열은 인위적으로 수집된 기록물에 사용된다. 즉, 하나의 소장품이나 특정 목적을 위해 수집되어 실제 이용기간 동안 행정적 구조로는 함께 사용되지 않는 경우이다. 이러한 유형의 정리는 수신편지, 발신편지, 사진, 보고서 등과 같이 기록물의 형식이나 매체로 조직하게 된다. 이러한 정리는 어떤 정리 방법도 분명히 나타나지 않을 때에만 가장 마지막에 선택되어야 한다.

담당직원은 시리즈에 가장 적합한 정리방법을 선택해야 한다. 필요하다면, 하나 이상의 방법을 조합할 수도 있다. 예를 들어, 어떤 기록물은 알파벳순으로 배열된 다음 다시 연대순으로 배열될 수 있다.

시리즈의 정리방법을 결정할 때에는 향후 이관되는 기록물을 반드시 고려해야 한다. 계속되는 이관은 혼란을 야기하고 구조에 결함이 있는 시리즈가 될 수도 있다. 정리방법에 문제가 예기된다면, 보다 상세하게 시리즈를 규정하는 것이 바람직할 수 있다.

일단 기록물이 하나의 시리즈로 정리되면, 기록물을 움직여서 새로운 기록물 참고번호를 부여하는 것은 옳지 못하다. 이는 정리에 있어 과거의 오류 수정이 절대적으로 필요할 때에만 가능한 것이다. 이전 단계의 참고번호에 대해 알고 있는 이용자를 새로운 참고번호로 이끌어 줄 수 있는 단계가 취해져야 한다. 이는 시리즈 목록에서, 이전기입에서 새로운 기입으로 상호참조를 제공하는 것에 의해 가능해질 수 있다.

3. 참고코드의 부여

기록관리기관은 소장기록물의 관리, 손쉬운 식별 및 검색이 가능하도록 기록물 참고코드 시스템(archival reference code system)을 개발하여야 한다. 기록물 참고코드는 기록물을 식별·관리하기 위해 기록물군, 시리즈 및 건에 부여되는 문자와 숫자의 조합으로 이루어진다. 정리의 각 단계는 기록물참고코드 요소에 의해 표현된다. 기록물 참고코드는 가능한 한 단순하게, 보통 3가지 요소로 관리된다 : 군(group), 시리즈(series), 건(item). 파일단위의 완전한 기록물참고코드는 군코드, 시리즈번호 및 건번호로 구성된다. 이들은 함께 각 기록물에 대한 유일한 코드를 제공하게 된다. 예를 들어, ARG 6/1은 ARG 군의 6번 시리즈 내에서의 첫 번째 파일이다.

군 코드(Codes for the Group)

기록물군에는 기록물을 생산한 기관을 나타내는 문자코드가 부여된다. 예를 들어, SCT는 대법원기록물 전체를 위한 문자코드가 된다. 만약, 군이 하부군으로 구성되어 있다면 각 하부군에는 SCT1, SCT2와 같은 번호가 부여된다.

문자코드를 선택할 때에는 명칭에서부터 문자를 선택하는 것처럼, 의미있는 코드를 부여하는 것이 유용하다 : Supreme CourT=SCT. 그러나 코드에 의미를 부여하는 것에는 위험이 있을 수 있다. 만약 두 기관의 명칭이 유사하다면 코드는 혼란이 있을 수 있다. 그러므로 혼란을 야기하는 의미를 코드에 부여하지 않는 것이 중요하다. Policy and Regulations Department는 PRD가 될 수 있지만, Public Relation Department도 역시 그렇다. 따라서 Policy and Regulations Department는 POL로, Public Relations Department는 PR과 같이 이용자에게 보다 친숙한 코드를 사용하는 것이 가장 좋다.

만약, 원래코드가 더 이상 사용되지 않는다면 그 코드를 다른 이름에 사용하지 않는 것이 중요하다. 예를 들어, Public Relations Department가 Outreach Department로 변경되면, 코드는 PR에서 OUT로 변경될 수 있다. 코드 PR은 현재의 Policy and Regulations Department를 위해 사용되어서는 안된다. 이러한 작업은 이용자를 혼란시키고 여전히 PR이 부여된 Public Relations Department의 과거기록물에 대한 혼란도 야기할 수 있다.

시리즈 코드(Codes for the Series)

하나의 기록물군내에서 각각의 시리즈에는 번호가 부여된다. 예를 들어, 대법원 판결문의 시리즈 번호는 SCT 6, 주문기록부는 SCT 7 등과 같다. 이러한 번호는 일련번호를 사용하여 필요할 때마다 부여될 수 있다.

기록물건 코드(Codes for the Item)

각 시리즈 내에서, 각 기록물건(즉, 각 파일, 문서철, 또 다른 정리 단위)에는 일련번호가 부여된다. 예를 들어, SCT6/1은 SCT군의 6번 시리즈에서 첫 번째 파일이라는 뜻이다.

4. 시리즈 등록부

시리즈 등록부는 기록물에 부여된 기록물군, 시리즈, 각 건의 번호가 표시된 주요기록물(master record)이다. 전문요원은 기록보존소의 장의 책임 하에 이 대장을 잘 유지해야 한다. 대장은 보존소 사무실에 보존되어야 한다. 등록부의 예는 그림 3에 나와 있다. 등록대장은 기록물 군 코드순으로 또, 군내에서 시리즈 번호순으로 보존되어야 한다.

기록물군과 시리즈에 대한 주요기록물 외에도, 시리즈 등록부는 각 시리즈에 부여된 가장 마지막 파일번호를 기록하는데 사용된다. 이는 다음에 사용될 파일 번호에 대한 정보를 제공한다는 것을 뜻한다.

등록부는 또한 시리즈의 양을 기록하는데에도 사용될 수 있다. 즉, 시리즈가 보관되어 있는 서가의 길이, 상자 번호 등. 이는 보존서고 계획시 가치있는 정보가 된다.

새로운 시리즈가 이관 될 준비가 되면, 담당자는 다음번 번호를 부여하고 세부사항을 시리즈 등록부에 기입해야 한다. 그 세부사항은 다음과 같다.

- 기록물군 코드
- 기록물군에 대한 기술(기록물군내의 기록물 생산주체에 대한 간략한 기술)
- 시리즈 번호
- 시리즈 제목(기록물내용 및 생산기관에 대한 간략한 기술)

기록물이 시리즈에 추가될 때에는 마지막으로 사용된 건 번호와 양(배열된 서가의 길이 및 상자 번호)이 수정되어야 한다. 등록부가 유용한 정보원이 되기 위해서는 새로운 기록물군, 시리즈 및 건 번호가 부여될 때마다 시리즈 등록부를 갱신하는 것이 중요하다.

만약, 시리즈가 등록부 사용 이전의 것이라면, 시리즈에 기록물 건이 이관되는 것과 같이 어떤 작업이 행해졌을 때 시리즈에 대한 기입을 해야 한다. 생산기관과 마지막 파일 번호는 파일 목록이나 기록물자체에서 알 수 있어야 한다.

시리즈 등록부를 작성하는 지침은 다음과 같다.

1. 각 기록물군에 대해 새로운 페이지에서 시작하라.
2. 각 시리즈마다 별개의 기재사항을 작성하라.
3. 기록물 군 코드가 처음 부여되었을 때, 기록물 군의 첫째 페이지 제일 상단에 다음과 같은 정보를 기입하라.
   - 기록물 군 코드(문자, 또는 하위군이 있는 경우 문자와 숫자)

- 기록물군 기술(기록물 생산주체에 대한 간략한 기술)
4. 시리즈 번호가 처음 부여되면 다음 정보를 기입하라.
- 시리즈 번호
- 시리즈 제목(기록물의 내용 및 주체에 대한 간략한 기술)
5. 기록물이 시리즈 내에 추가되면, 다음의 정보가 시리즈에 추가되어야 한다.
- 마지막 기록물건 번호
- 양(사용된 서가의 길이 및 상자의 번호)
6. 기록물건이 시리즈에 추가될 때마다 마지막 기록물 건 번호와 기록물 양을 갱신하여야
   한다.

5. 기록물에 대한 가이드 작성

기록물 가이드는 기록관리기관의 소장 기록물에 대한 전반적인 검색도구(finding aid)이
다. 이 가이드는 기록물군과 시리즈 단위에서 기록물에 대한 정보를 제공하게 된다. 파일이
나 건 단계에서의 정보는 파일/건 목록에서 제공된다. 기술은 국제기록물기술규칙에 따라
야 한다. 기록물 가이드에는 일반적으로 생산기관에 대한 행정적 역사, 시리즈 목록, 색인
이 포함된다.

기록물 가이드는 기록관리기관의 조직구성에 따라 부분별로 작성되어야 한다. 본부 및
지역사무소의 경우 각 기록물군에 대한 기록은 무엇보다 문자 - 숫자 순(alphanumerical order)
으로 기술되어야 한다(예 : ADM 1-999, CSO 1 999, SCT 1-999).

각 지역사무소는 기록물 가이드에서 각각에 해당되는 부분을 최신정보로 유지해야 할 책
임이 있다.

기록물 군, 기록물군내에서 시리즈의 범위 등을 기술하기 이전에, 기록물을 함께 생산한
그 주요 조직 및 후속 조직과 같이 생산기관의 행정적 역사에 대한 기록물 안내가 제공되어
야 한다. 기록물에 나타난 기능과 활동 또한 설명되어야 한다. 어떤 적절한 규정이 인용되고,
행정적, 조직적 변화와 그 날짜 또한 언급되어야 한다. 필요하다면, 인명이나 생산장소, 생산
기간 등과 같이 기록물 역사에 있어서의 중요사항이 기술되어야 한다.

출판된 도서, 기사 및 논문 등 다른 정보원에서 또 다른 정보가 발견되면, 이들 또한
기술되어야 한다. 행정적 역사 및 배경정보는 이용자가 기록물의 중요성을 이해하는데
도움이 될 것이다. 기록물과 기록물의 배경, 그 정리의 이해를 위해 적절한 것들이 포함되

어야 한다.

예를 들어,

> 농림부 기록물은 1958년까지 Circle House의 등기소(repository)에 보관되
> 어 있다가, 화재에 의해 훼손되었다. 그 후 훼손되지 않은 약 40%가
> 국립기록보존소에 이관되었다. 이 기록물은 시리즈 ADM 4-6에 정리되
> 었다.

기록관리기관의 각기 서로 다른 기록물군이 공통적인 출처를 가진다면, 이 또한 기술되어
야 한다.

특정 시리즈에 대한 적절한 정보는 시리즈 기술에 포함되어야 한다. 이 정보는 기록물의
내부적인 정리순서와 직접적으로 관련되는 시리즈에 대한 참조 등을 포함해야한다.

행정적 역사가 작성되고 나면, 각 시리즈에 대한 기술을 편집해야 한다. 시리즈가 처음
이관되었을 때 간략하게 작성되고 추후 시리즈 목록이 작성되면 보다 완전하게 작성되어야
한다. 시리즈 기술은 표준시리즈기술서식(그림 10)을 사용해서 작성된다. 각 시리즈 기술은
다음과 같은 것들을 포함한다.

- 기록물군 명
- 기록물군 기술
- 시리즈 번호
- 시리즈 제목
- 기록의 최초 생산일과 최후 생산일
- 기록물건 번호
- 물리적 특성
- 주제 및 기능을 포함하고 있는 기록의 기술
- 기록물군의 행정적 역사에서 망라되지 않는 시리즈의 출처
- 기록물건 목록의 이용여부
- 색인 및 기타 검색도구의 이용여부
- 비공개기간 연장과 같은 특별한 이관 상황에 따른 기록물의 이용여부

시리즈가 기록관리기관에 이관되었으나 완전한 목록이 작성되지 않은 것이 있다면, 그러
한 시리즈가 있다는 것을 열람자들에게 알리는 것이 유용하다. 시리즈가 아직 이용될 수
없더라도, 되도록 많은 세부사항을 알 수 있도록 해야 한다.

시리즈가 하부시리즈로 나뉘어 지는 경우, 각 하부시리즈의 내용과 생산기간을 알기 위해서는 보다 세부적인 구분이 필요하다.

기록물 가이드의 사본은 다음과 같은 곳에서 이용될 수 있다.

- 참고정보실(열람실)에서 적어도 2부 : 이용자용과 직원용
- 다음번 개정을 위해 편집실에 1부
- 보존서고에 1부
- 각 지역사무소에 1부
- 기록관리기관의 장에게 1부

관련되는 부서에도 별도의 기록물 가이드 사본이 배포되어야 한다.

지역사무소는 기록물에 대한 완전한 정보가 전 시스템에서 공유될 수 있도록 하부지역사무소에 가이드의 해당되는 부분을 복사해서 송부해야 한다.

기록물가이드는 최신상태로 갱신·유지되어야 한다. 시리즈가 이관되고, 기록물 건 목록이 작성되면, 담당자는 기입항목(entries)을 편집하고 여러 개의 안내서 세트를 위해 이들을 복사해야 한다. 지역사무소의 장은 소장기록물에 대한 가이드 사본이 최신상태로 유지되도록 하고, 개정 및 보완사항이 본부로부터 전달되도록 협조해야 한다.

기록물 가이드 원본은 타자를 치든, 워드프로세서로 작성되었든, 정보가 손쉽게 추가될 수 있도록 추록식(loose-leaf) 바인더나 폴더에 보관하는 것이 가장 바람직하다. 기록물 가이드가 발행되면, 최신상태로 유지하는데 필요한 작업용 사본은 제책되지 말아야 하고 각 페이지를 추록식 폴더에 끼울 수 있어야 한다. 그래야 규칙적인 갱신을 보다 쉽게 할 수 있다.

6. 기록물철/건의 목록

철/건 목록의 목적은 다음과 같다.

- 기록물의 배치
- 기록물의 출처 확인
- 기록물철/건의 내용을 기술
- 관련되는 기록물의 확인
- 기록물의 물리적 상태 기술
- 열람 조건 설명

다음의 기본적인 필수규칙이 모든 철/건 목록에 적용되어야 한다.

- 기록물군과 시리즈 참고번호는 목록 각 페이지의 첫머리에 나타나야 한다. 한 시리즈 내에서의 기록물건은 다른 시리즈 내에서의 기록물건과 혼돈되어서는 안된다.
- 각 기록물건은 자체의 유일한 참고번호로 확인되어야 한다.
- 각 기록물건에 대한 성격 및 배경이 명백히 드러나야 한다.
- 각 기록물건에 대한 정보는 그 전후에 있는 건에 대한 정보와 분명하게 구별되어야 한다.
- 다음과 같은 정보 요소가 필요하다.
    - 기록물건 번호
    - 기록물 생산기간
    - 기록물 건명과 내용 기술
    - 이전의 참고번호

이러한 각각의 요소들은 서로 다른 쪽의 요소들과 분명히 구별되도록 별개의 항목에 작성되어야 한다. 이용자들의 효율적인 열람을 위해 모든 목록에는 동일한 기본 형식이 사용되어야 한다. 목록은 이용자들에게 명확성을 주기 위해 정해진 규칙과 서식을 따르는 것이 필수적이다.

목록은 각 기록물철이나 기록물건의 내용에 대해 간략하고 정확하며 필요한 정보의 요약을 포함해야 한다. 정확성이 간결성보다 훨씬 중요하다. 이관목록이 아직 존재한다면, 필요에 따라 신중히 확인, 편집 및 보충되어야 한다.

기록물철의 내용이 철명과 다른 경우가 있을 수 있다. 원본의 철명을 기술에 사용할 수 있지만 목록의 정확성과 명확성을 위해 목록을 작성하는 담당자는 먼저 그 내용을 확인하지 않고 철명을 사용해서는 안된다. 목록작성자는 하나의 철내에서 다루고 있는 실제적인 주제를 설정하고 그것이 반영되도록 기술을 작성해야 한다. 목록기술은 기록물의 이해에 필요한 모든 용어 – 전치사 및 동사포함 – 들이 포함되어야 한다.

기술을 시작할 때 키워드의 사용은 유용할 수 있는데, 과장된 용어는 피해야 한다. 가능한 한 명백하고, 모호하지 않고, 비기술적(non-technical)이며 비전문적인 용어를 사용하는 것이 중요하다.

인명이나 단체(위원회 또는 부처 등), 관공서, 법령, 출판물 등은 정확한 공식적인 형태로 인용되어야 한다. 지명의 표준화가 이루어져야 한다. 개인명의 성, 단체, 관공서 및 법령은 대문자로 기재한다. 그 밖의 대문자 및 소문자에 대한 정책은 일관성이 유지될 수 있도록 내려져야 한다. 기술에 포함된 출판물의 제목에는 밑줄을 긋거나, 이탤릭체로 표기한다.

이름이 약어로 표기되어 있다면, 처음에는 완전명과 각괄호 안에 약어를 병기하여야 한다.

기록물건 목록이 길고 약어를 많이 포함하고 있다면, 앞부분에 약어목록을 넣는 것이 매우 유용하다.

기록물건 번호 순서대로 목록이 작성되어야 한다. 이용자들을 위해 다른 방법이 더 편리하다면, 색인에서 이 정보를 제공하도록 고려할 수 있다.

표준목록서식에 의해 기록물 건 목록을 작성하고 한쪽 면만을 사용하도록 한다. 목록의 예는 그림 11에 나와 있다. 워드프로세서에 의한 목록은 공인된 자판을 사용하도록 한다.

각 목록의 첫 부분에는 시리즈 참고번호, 시리즈 제목, 필요하다면 이관번호를 기재한다. 이관번호는 시리즈에 기록물이 추가될 때 유용할 수 있다. 추가기록물의 이관번호가 부여되어야 한다. 목록이 한 페이지 이상일 경우, 시리즈 참고번호는 모든 계속되는 페이지의 상단 오른쪽에 나타나도록 한다.

여러 개의 기록물건이 동일한 기술을 가진다면, 그것을 반복하는 것이 바람직하다. 목록이 향후 전산화 될 때 '동상부호(〃)'나 빈칸을 남기는 것은 혼란을 야기할 수 있다. 특히, 그 목록이 추후에 컴퓨터처리 된다면 더욱 그렇다. 많은 기록물 건들이 동일한 기술을 가진다거나 기술적 요소를 공유한다면, 동일한 특징을 가진 하부시리즈를 만드는 것이 고려될 수 있다.

보존기간 연장 등과 같은 추가정보는 기록물건 기술 후 새로운 줄에 각괄호 안에 추가한다. 지도나 사진의 포함여부, 기록물건의 물리적 상태 등과 같은 기타 정보도 같은 위치에 기재되어야 한다.

목록 원본은 안전하게 보관되어야 한다. 목록에 대한 변경분이나 추가분은 추가되기 전에 담당자에 의해 승인되어야 한다. 목록에 추가나 변경이 이루어질 때는 변경추가로 인해 기존의 페이지가 경질되었다는 것을 확실히 알 수 있도록 원본으로부터 사본을 정리히여 사무실에 이를 철해 두어야 한다. 다음을 위해 각 목록은 4장의 사본이 필요하다.

- 열람용
- 열람실 직원용
- 편집용
- 보존서고 직원용
- 시리즈를 생산하고 이관한 기관용

지역보존소는 작성된 목록의 사본 1부를 참고목적으로 본부에 송부해야 한다.

7. 색인

　기록관리기관에 도착한 많은 이용자들은 그들이 찾고 있는 정보를 포함하고 있는 기록물군이나 시리즈가 어떤 것들인지 알지 못한다. 이용자들은 종종 적절한 검색도구로 안내해주기를 원한다.

　색인은 적절한 기록물시리즈로 안내하는 매우 중요한 도구이다. 검색도구에 좋은 색인을 사용함으로써, 이용자들은 자신이나 담당직원의 중요한 시간을 절약해 가며 신속하고 정확한 검색을 할 수 있게 된다.

　기록관리기관은 기록물건 수준에 대한 색인을 작성할 수 있다. 이 방법에 의해서, 관련되는 개별 기록물건이 즉각 열람자의 관심을 끌 수 있다. 색인은 선별된 것이어야 하지만, 합의된 지침에 따라 작업하는 담당자들이 시리즈별로 작성할 수 있다.

　효율적인 색인이 되기 위해서 내부적인 일관성이 필요하다. 담당자는 기록관리기관에서 지정된 규칙이나 지침을 반드시 따라야 한다.

색인은 다음의 4가지 요소로 구성된다.

- 표목(heading)
- 부표목(sub-heading)
- 기록물 참고번호
- '보라', '도 보라' 참조(see, see also)

표목은 다음과 같은 것을 나타내는 용어로 구성된다.

- 단체명(정부 부처, 법원, 위원회, 사업체)
- 개인명(장관, 수장, 사업가, 선교사)
- 지명(주, 시, 지방, 지역)
- 주제/기능(학교나 대학, 무역, 사건심리, 토지증여)
- 기록물 유형(회계장부, 지도나 도면)
- 포괄적인 정보(기록물군)

　표목에는 표준적인 철자와 문체가 사용되어야 한다. 색인 담당 직원은 모든 색인담당자들이 준수해야 하는 시소러스를 구축해야 한다. 가능하다면, 이미 구축된 참고자료(reference works)를 이용하도록 한다.

　부표목은 특정한 측면에 초점을 맞춰 표목을 제한하는 용어이다. 색인 담당 직원은 어떤 용어가 표목의 부표목으로서 사용되고 어떤 용어가 본래대로 표목이 되어야 하는지 분명히 하기 위한 규칙을 개발해야 한다.

부표목은 표목 밑에 자모순으로 배열된다.

색인을 이용하는 사람들에게 문제가 일어나는 것을 최소화할 수 있도록 '보라'와 '도 보라' 참조를 작성하도록 한다.

- '보라' 참조는 우선어를 가리킨다(Cows(암소)는 Cattle(소)을 *보라*)
- '도 보라' 참조는 관련어를 가리킨다(Gold Coast(황금해안)는 Ghana(가나)도 *보라*)

'보라'와 '도 보라' 참조는 광의어와 협의어를 가리키기도 한다.

- 농장. 농업(광의어), 배수법(협의어)을 *보라*
- 농장. 인구정착도 보라(광의어), 화학약품분무기(협의어)도 *보라*.

색인 기입은 안내서 본문이나 기록물건, 목록에 언급된 기록물을 가리킬 수도 있다. 이러한 것들 사이의 구별이 이용자에게 분명해야 한다. 색인이 카드로 작성되었다면 각기 다른 색깔의 색인카드에 기입하도록 한다.

소장기록물에 대한 색인은 열람실에 보관되어야 한다. 그것이 카드라면, 막대가 달린 카드보관함에 보관되어야 한다. 색인카드는 담당직원에 의해서만 이동될 수 있다. 색인카드의 예는 그림12에 나와 있다.

8. 참고도서실의 관리

기록관리기관은 참고도서실을 설치해야 한다. 이 도서실은 전문직의 의무로서 직원들을 지원하기 위해 직원이 이용할 수 있도록 하기 위한 것이기도 하고 또 열람자를 도와 열람기간동안 이용할 수 있도록 하기 위한 것이다.

도서실에 수집되는 도서들은 기록물로 이관되어서는 안된다. 오히려, 이들은 별도의 도서관 수집 등록대장에 기록되어야 한다. 이 등록대장에는 저자명, 서명, 출판사, 출판지, 출판일, 적절한 분류번호나 서가위치 참고정보 등이 기록된다.

현재의 장서에 적합하도록 단순한 분류체계가 개발되어야 한다. 이 체계는 비도서관인도 관리하기 쉬운 것이어야 한다. 이를 시작할 때는 전문적인 도서관의 충고를 받는 것이 유용하다. 카드색인이나 데이터베이스의 목록이 유지되어야 한다. 도서는 저자, 서명 및 주제에 의해 목록되어야 한다.

빈번하게 사용되는 도서는 다수의 복본을 구입하도록 한다. 1부는 열람실에서 사용해야 한다.

도서관목록은 열람실에서 상담에 사용될 수 있어야 한다. 카드목록은, 막대가 꽂힌 카드 보관함에 안전하게 보관되어야 한다.

기록물의 일부로 수집되는 도서는 기록물 참고번호를 가지고 도서관 목록에도 포함될 수 있어야 한다. 그러나 이 경우 도서자체는 도서실에서 관리되지는 않는다.

도서실의 도서는 기록보존소로부터 다른 곳으로 옮겨져서는 안된다. 열람자가 사용 중에 있는 도서들은 열람실로부터 다른 곳으로 옮겨져서는 안된다.

도서실로부터 도서를 대출하는 직원은 대출서식(production form, 제5장 참조)을 작성해야 한다. 도서 대신에 대출서식 원본을 두고 누가 무엇을 대출했는지 기록으로서 대출서식 사본이 검색담당 직원들에게 제공되어야 한다.

참고서비스와 대외홍보사업

보통 검색부서라 불리는 기록관리기관의 참고부서는 소장된 기록물을 검색하고자 하는 개인, 정부 및 단체들의 접근지점이 된다. 열람자들은 서신이나 팩스, 전화나 직접방문 등으로 상담을 요청할 수 있다. 몇몇 국가에서는 전자우편이 참고서비스를 제공하는 수단으로 사용되고 있다.

기록관리기관의 명성은 아주 넓게는 열람자(이용자, 검색자, 독자)들에게 제공되는 서비스에 의해 형성될 수 있다. 참고열람실 담당자는 정확하고 신속하게 질문에 응하며, 정중하고, 박식하게 전화에 응대하고, 어떤 방문자든지 환영받으며 좋은 안내와 친절하고 신속한 서비스를 받았다고 느낄 수 있어야 하므로 조용하고 쾌적한 환경에서 근무할 수 있어야 한다.

열람자들의 합법적인 요구를 가능한 한 많이 충족시키는 동안에도 기록의 안전을 지키는 것이 가장 중요한 의무라는 것을 열람담당자는 기억해야 한다. 기록은 열람실에 있는 동안에는 자유롭게 열람이 가능하며 훈련되지 못한 사람들이 이용할 수도 있다. 그러므로 특정 기록물에 대한 접근을 제한하고, 열람자들의 행동에 제재를 가한다 하더라도 항상 참고열람실의 열람규정을 준수하도록 해야 한다.

올바른 방법에 의한 기록물의 보호뿐만 아니라 엄격한 규칙의 시행은 잠재적인 범죄행위를 예방하는데 도움이 될 수 있다. 엉성한 규칙은 역효과를 초래할 수 있다. 이떤 열람자들은 올바르지 못한 방법으로 기록을 계속 다룰 것이며 거기에서는 훼손과 절도로부터의 보호가 줄어들 수밖에 없다. 그러므로 기록관리기관은 참고열람실 열람규정의 이행에 대해 엄격하고 명백하며, 법적으로 타당하고 일관성 있는 정책을 펴야 한다.

1. 열람실 운영

열람자들은 기록관리기관에 도착했을 때 보통 검색실(search room)이라 불리는 참고열람실(reference area)로 안내해주는 분명한 표지판을 찾아야 할 것이다. 그렇게 하는 것이 열람자들이 편안해질 뿐만 아니라 직원외 출입금지구역으로 헤매게 되는 일을 막아줄 것이다.

검색실은 다음과 같은 조건을 갖추어야 한다.

- 출입문은 분명하게 표시가 되어 있어야 한다.
- 개방시간이 출입문 또는 출입문 가까이에서 보일 수 있어야 하고 노크없이 들어올 수 있다는 안내문이 있어야 한다.
- 검색실은 깨끗하고 말끔하게 정리되어 있어야 한다.
- 열람용 책상이 필요하다면 거울을 사용하더라도 모두 한곳에서 감독이 가능하도록 가구가 배치되어 있어야 한다.
- 담당자는 열람자와 마주보는 자리에 분명히 배치되어야 한다. '열람담당자' 또는 '문의'라는 표시가 되어 있다면 유용할 것이다.
- 꼭 필요한 가구나 장비만이 갖추어져 있어야 한다. 방 자체가 가능한 한 비어있을 때 감독이 보다 용이하다.
- 참고도서를 비롯해 목록 또는 검색도구의 위치는 분명이 표시되어 있어야 한다.
- 기록물은 하루이상 책상 위에 남겨져 있으면 안된다.
- 기록물이 배치되고 반납되어야 할 곳의 위치가 분명히 표시되어 있어야 한다.

개방시간동안, 다음과 같은 조치가 취해지도록 하는 것이 참고열람실 담당자의 의무이다.

- 검색실에는 항상 적절한 직원배치가 이루어져 있어야 한다. 여기에는 담당직원이 자리를 비웠을 때, 또, 업무를 하지 않을 때 등을 감시하고, 직원이 아플 때 긴급대책을 세우는 것 등이 포함된다.
- 개방시간에는 항상 담당직원이 있어야 한다. 만약 한 명의 직원만 있다가 자리를 비우게 되면 다른 부서에 지원요청을 해야 한다.
- 담당직원은 모든 열람자들이 참고열람실 규정에 익숙해 질 수 있도록 해야 한다.
- 담당직원은 열람자들이 참고열람실 밖에서는 볼 수 없는 자료들을 갖추어야 한다. 이 기록이 검색실에서 필요하다면, 열쇠잠금장치가 있는 서랍이나 캐비넷에 보관되어야 한다.
- 담당직원은 검색도구가 최상의 상태인지, 손실된 페이지가 없는지 정기적으로 검사해야 한다. 매일 업무종료시에는 검색도구가 올바른 순서대로 깨끗하게 정돈되어 있는지 확인하는 책임자가 있어야 한다.

2. 출입대장

매일 출입대장을 게시하고 열어두는 것은 참고열람실 담당직원의 책임이다. 이 대장에는 다음과 같은 것들이 기록되어야 한다.

- 날짜
- 연도별 방문객 일련번호
- 열람증 번호
- 열람자의 성명 및 서명
- 열람자의 전화번호 및 주소

이 대장은 적당한 항목이 만들어져 있어야 한다. 모든 열람자들이 열람증을 가지고 있다면 대장에 변함이 없는 주소를 매일 기입할 필요는 없다.

모든 직원들은 검색실을 방문하는 모든 사람들이 매일 출입대장에 서명하는지를 감시해야 한다. 동시에, 열람증이 유효한지 올바른 번호가 대장에 기입되어 있는지 확인할 수 있도록 열람증을 검사해야 한다.

현재의 대장 작성이 완료될 무렵에 새로운 출입대장이 대체될 수 있도록 준비해 두어야 한다.

작성이 완료된 대장은 공인된 폐기시기가 될 때까지 안전히 보관해야 한다.

출입대장의 예는 그림 13에 나와 있다.

3. 열람규정

열람규정이 지켜지는지 감독하는 것은 모든 직원의 의무이다.

열람규정은 검색실과 각 열람책상에 분명하게 게시되어 있어야 한다. 열람자들은 열람증을 발급받을 때 모두 규정 사본 한 장씩을 받아야 한다. 직원은 모든 열람자들이 규정을 읽고 이해할 수 있도록 도와야 한다.

검색실 담당자는 규칙이 준수될 수 있도록 해야 한다. 이는 열람자들의 엄수가 요구된다. 규칙을 어겼을 때는 즉시, 열람자들에게 충고해야 한다. 규칙에 필요한 요구사항은 기록관리기관의 직책·직급여하에 불구하고 모든 직원에게 적용되어야 한다.

직원은 보다 가까이에서 감독할 수 있도록 책상 사이의 복도를 정기적으로 순찰해야 한다.

이러한 능동적인 감독은 직원이 규칙의 준수에 매우 열심이라는 것을 열람자들에게 보여주게 된다. 열람실의 책임자는 검색실내에서 담당직원이 규칙의 준수에 노력하고 있는지 정기적으로 확인해 보아야 한다.

직원은 중대한 위반이나 지속적인 규칙위반을 상급자에게 보고해야 한다. 누구든지, 필요하다면, 규칙위반의 결과를 열람자들에게 설명해 주어야 한다. 규칙을 시행할 때 하급직원은 그 상급직원에 의해 지원받아야 한다.

대부분의 중요한 규칙위반의 경우, 열람증이 취소되어야 하며 열람자들은 검색실 출입이 금지되어야 한다. 그러한 경우에, 열람실의 책임자는 기록관리기관의 장과 상의해야 한다. 기록관리기관의 장은 규칙위반 및 열람자들의 검색실 출입금지에 대해 일관성 있는 정책을 세워야 한다. 그렇게 출입금지된 열람자들은 기록관리기관의 장이 서면으로 알려야 한다.

출입금지된 열람자 명부는 검색 담당부서에 보관되고 열람 신청서(reader applications) 확인 시 참고가 되어야 한다.

기록관리기관의 장은 어떤 규칙을 바꾸기 전에는 법적인 통지를 해야 한다. 어떤 실제적인 사건에 당면하기 전에 열람자의 출입금지 및 기록의 절도나 훼손등에 대한 법적 조치의 가능성에 대해 통지를 하는 것이 특히 중요하다.

열람규정 모형의 예는 그림14에 나와 있다.

4. 열람증신청서 및 열람증

모든 열람자들은 열람시간이나 열람분야에 관계없이 열람증을 소지해야 한다. 직원들도 열람증을 가지고 있어야 하지만 열람증신청서를 작성할 필요는 없다. 열람증신청서는 그림 15의 서식을 이용해 만들 수 있다.

기록관리기관에 우편으로 요청하는 잠재적 열람자에게는 열람증신청서 사본, 열람규정사본 및 기관에 대한 정보가 담긴 자료가 송부되어야 한다.

열람증신청서가 만족스럽게 작성되고 열람자 신원이 확인되었을 때 열람증을 발급해 줄 수 있다. 열람증은 보통 2년간 유효하며 2년마다 한번씩 갱신되어야 한다. 2년이 지나면, 새로운 열람증이 사용되어야 한다.

열람증은 내구성 있는 카드에 인쇄되고, 열람자 이름, 열람증번호(연도 및 연도별 일련번호, 95/5와 같음), 발급일자 및 만기일자 등이 표시되어 있어야 한다. 세부사항은 수기 또는 타이핑으로 완성될 수 있다. 열람증의 예는 그림 16에 나와 있다.

열람증의 발급은 열람증번호, 이름, 주소, 발급일자 및 유효기간 등이 명기되는 열람증 등록대장(그림 17)에 기재되어야 한다. 열람증이 갱신되면 원래의 열람증과 상호참조가 작성되어 있어야 한다.

열람증은 뒷면에 열람자가 서명을 했을 때 유효해 진다. 서명을 하기 전에, 직원은 열람자들이 열람규정을 숙지할 수 있도록 해야 한다.

2년 후, 열람증 갱신을 원하는 열람자들이 있으면, 열람증을 반납하고, 주소나 열람분야 변경시 새로운 신청서를 함께 작성해야 한다. 새로운 열람증은 새로 발급된 열람증이라는 것을 알 수 있도록 새로운 번호에 'R'이라는 문자가 함께 찍힌다.(예 : 97/8R).

열람증은 새로운 신청서식이 작성될 때에만 갱신되어야 한다.

만약 열람증이 분실되면, 신원확인 하에 새로운 열람증이 발급된다. 열람증을 재발급하기 전에 담당직원은 열람증 발급대장과 열람증신청서 원본을 확인해 보아야 한다. 이러한 사항은 발급대장에 기록되어야 한다. 재발급된 열람증은 95/5D와 같이 번호 뒤에 'D'라는 문자를 넣어야 한다.

열람증신청서 원본은 기록물철로 관리하다가 기록관리기관의 처리일정표에 명시된 기간까지 보존되어야 한다.

5. 열람신청 및 기록물의 제공

기록보존소에서 기록물의 이동이 있었지만 영구보존기록물이 분실되지 않게 하기 위해서는 대출신청서(production form) 및 대출대장(production register)의 사용과 같은 이동 및 반환과정의 엄격한 통제가 필요하다. 기록관리기관은 소장기록물의 안전한 보호에 책임이 있기 때문에 기록물이 잘못 배치되거나, 분실 및 절도를 당할 가능성이 최소화되어야 한다는 것이 중요하다.

모든 기록은 대출서식(그림 18)을 이용해서 직원이나 열람자 모두에 의해 대출될 수 있어야 한다. 대출대장은 어떤 열람자나 어떤 직원에 대해 어떤 기록물이 대출되었는지, 또 언제, 어떤 기록물이 반납되어야 하는지에 대한 중요한 정보원이다. 이러한 기록은 안전하게 보존되고 분명히 라벨이 붙여져서 직원들이 쉽게 찾을 수 있어야 한다.

아직 열람증을 소지하지 못한 열람자들은 참고도구를 참고할 수는 있지만 기록의 대출은 허락되지 않는다.

한번에 3건 이상이 대출되어서는 안되지만 다른 날짜에 계속 대출이 가능하다.

담당직원은 열람증이 검색담당직원에게 넘겨지기 전에 기록물 참고번호가 올바른지 확인하기 위해 대출신청서의 세부사항을 확인해 보아야 한다. 열람자가 올바른 열람증 번호를 기입했는지 확인해야 한다.

영구기록의 대출

열람자(개인, 정부, 단체포함)가 기록물의 대출을 원하는 경우, 대출서식을 작성해야 한다. 열람자 이름, 열람증번호, 대출일자, 대출되는 문건의 세부사항을 기입해야 한다. 다음에 열람자는 담당직원이 서명할 수 있도록 열람증을 제출해야 한다.

각각의 대출서식은 각 문건별로 작성되어야 한다. 대출서식은 보통 사본 1부를 포함하고 있어야 한다.

보존서고로부터 기록물의 대출은 서고 담담자 책임이다. 그들은 대출서식을 받으면 다음과 같은 행동을 취해야 한다.

- 기록이 보관된 위치를 찾기 위해 소장위치등록부를 참고하라.
- 서식의 뒷장(bottom copy)에 위치를 기입하라.
- 기록물을 찾아라.
- 문건을 이동시키기 전에, 대출에 문제가 없는지 확인하라. 대출이 제한되지 않는지 확인하기 위해 생산기간과 빨간색 라벨이 붙어있는지 확인하라.
- 문건을 옮기고, 대출서식의 사본을 그 자리에 놓아두고 보일 수 있도록 클립으로 서가에 고정시켜 놓아야 한다.
- 대출대장에 대출의 세부사항을 기입하라.(대출대장의 작성은 아래를 참조)
- 열람자에게 전달되도록 대출서식의 앞장(top copy)과 함께 기록물을 열람실에 있는 직원에게 전달하라.

일단 문건이 열람실에 도착하면, 열람실의 책임이 된다. 담당직원은 기록물을 열람자에게 전달하면서도 대출서식은 가지고 있어야 한다. 이는 기록물 참고번호 순으로 철해지고 주어진 시점에서 어떤 문건이 열람실에 있는지, 어떤 문건이 담당직원에게서 벗어나 있는지에 대한 하나의 신속한 정보원으로서의 역할을 한다.

기록이 대출서식의 앞장과 함께 열람실로 전달될 때 열람실 직원은 다음사항을 확인해야 한다.

- 기록이 열람증과 맞는 것인지
- 30년이 지난 것이거나 공개된 것인지

- 열람하기에 물리적으로 적절한지

'Unfit for Production Label'(대출금지 라벨)이 붙은 기록은 절대로 열람자에게 전달되어서는 안된다. 기록이 이용될 수 없다면 이를 열람자에게 설명하고 보존서고로 반납되었는지 확인하라.

대출서식은 기록물의 보존위치가 기록되어 있으므로 열람자들이 접근할 수 없어야 한다. 보안상의 이유로, 열람자는 기록이 보관된 위치를 알아서는 안된다.

만약 기록이 파손되기 쉽고, 부피가 크고 주의를 요하는 것이라면, 한번만 대출할 것인지 전혀 대출하지 않을 것인지를 결정해야 한다. 위험성 있는 기록이 적절히 보호되고 있는지 확인하는 것은 모든 직원의 의무이다. 필요하다면, 보존담당직원의 조언을 요청하라.

보존서고로의 기록물 반납

열람자들은 기록열람이 끝나면 담당직원에게 기록을 반납한다. 모든 기록들은 생산기관이나 이관기관에 대출되는 경우를 제외하고는 모두 당일에 반납되어야 한다. 반납된 기록은 즉시 처리해야 하며 추후 교체되도록 남겨두어서는 안된다.

담당직원은 기록이 손실되었는지 올바른 위치에서 벗어났는지 반드시 확인해야 한다. 확인 후, 기록 재배열담당자에 의해 배열될 수 있도록 그 문건과 대출서식을 '반납' 북트럭이나 서가에 올려놓아야 한다.

만약 열람자가 그 다음날이나, 같은 주의 어떤 날 그 문건을 열람하고 싶다면, '예약서식'(그림 19)을 작성해야 한다.

문건이 밤새도록 밖에 나와 있어야 한다면, 열람실에는 대출신청서의 앞장을 두고, 예약서식과 문건은 북트럭이나 서가에 실어놓아야 한다. 북트럭은 그날 업무 종료시간에 보존서고에 있는 직원에게 전달된다. 기록은 보존소의 특정장소에 보관되고 다른 날 또 다시 대출된다.

금요일이나 휴일 바로 전날에는 밤샘예약(overnight reservations)이 허용되어서는 안된다. 보존소 직원은 어떤 대출서식도 미결된 채로 열람실에 남겨져 있지 않도록 그런 날에는 미결된 기록을 깨끗하게 처리해 놓아야 한다.

열람자가 기록 열람을 끝마치면 열람실의 담당직원에게 기록을 반납하고 담당자는 기록물과 대출서식의 앞장을 함께 서고 직원에게 넘겨주게 된다.

보존서고 직원은 다음과 같은 업무를 행하게 된다.

- 대출서식 앞장과 기록물을 맞춰보기 위해 대출서식 복사본을 치우고 그 자리에 기록물

을 배열한다.
- 대출대장에 반납일자를 기록한다.
- 대출서식의 앞장은 열람실에 돌려주고 기록의 기록물 참고번호 순서대로 대출서식 사본을 철해 놓는다.

대출대장과 대출서식은 적절한 보존기간표가 요구하는 시점까지 보존되어야 한다.

대출대장의 작성

대출대장을 작성하기 위해서는 다음의 지침을 따라야 한다. 대출대장의 항목은 대장을 펼쳤을 때 왼쪽과 오른쪽 페이지에 둘 다 인쇄되어 있어야 한다. 왼쪽 및 오른쪽 페이지에 인쇄되어야 할 항목은 다음과 같다.

1. 기록이 대출될 때마다 별도로 기입을 작성하라
2. 각 항목에 다음과 같은 정보를 기입하라.

<왼쪽 면>
- *대출일자* : 기록이 보존서고로부터 대출된 날짜, 17/1/1995
- *대출일련번호* : 매해 1월 1일부터 시작하는 연도별 일련번호, 95/1, 95/2 등
- *기록물 참고번호* : 대출된 기록물의 기록물군, 시리즈 및 건 번호, ADM/2/322

<오른쪽 면>
- *보존서고위치* : 기록물 건의 보존서고 번호, 7/A/6
- *열람증번호* : 대출서식에 기재된 번호, 94/5
- *담당직원 성* : 기록물 대출담당자의 성
- *반납일자* : 기록물이 보존서고의 위치에 반납된 일자

6. 공개제한 영구보존기록물의 관리

많은 국가에서, 공공기록물은 생산 후 30년 동안 공공에게 열람이 제한되며 30년이 지나야 열람이 가능하다. 다시 말해서, 기록물은 생산된 지 31년째에 공개가 가능하다는 것이다. 예를 들어, 1969-1974년이라는 생산일자가 기재된 기록물철은 2005년이 되어야만 공개될 수 있다. 정부나 기업체 기록관리기관에서나 비정부기록물에 대한 열람은 생산기관이 요구하

지 않는 한, 그러한 기간의 제한을 갖지 않는다. 최근에 여러 나라에서는, 어떤 공공기록물은 생산되자마자 바로 특정한 조건하에 공개가 가능하도록 요구하며, 정보공개 관련 법률에서는 30년 공개제한규칙을 폐기하고 있는 추세이다.

전문요원은 기록물이 공개시기가 될 때까지는 공공에게 이용될 수 없도록 해야 한다. 비공개 기록물의 유출을 방지하기 위해, 담당자는 각 보존소 출입문의 안쪽에 주어진 시점에서 공공의 열람이 가능한 최종일자를 나타내는 안내문을 설치해 놓아야 한다. 예를 들어, 2000년에는 '1969년까지 생산된 기록만이 열람에 대출될 수 있음'이라는 안내문을 볼 수 있어야 한다. 2001년의 첫 번째 근무일에는 이 연도가 1970년으로 바뀔 것이다.

기록물이 수집되면, 기록물이 담겨진 상자의 표지에 쓰여진 생산일자를 확인하는 것이 중요하다. 서고에서 기록물을 검색하는 직원은 요구되는 기록물건이 대출될 수 있는지 확인하기 위해 출입문에 부착된 안내문과 기록물철의 마지막 날짜를 확인해 보아야 한다.

특히 민감한 기록은 30년 이상 동안 공개가 제한될 수 있다. 1965년에 생산된 기록이 30년이 아닌 75년간 공개제한이 된다면, 1996년 대신 2041년에 공개될 수 있다.

보존서고 내에서, 이러한 기록물에 대해서는 특별한 조치가 취해져야 한다.

다음과 같은 처리가 필요하다.

- 그 기록물이 공개되는 연도를 표시하기 위해 'Closed until...'(비공개기한)이라는 특별한 라벨이 각 기록물건에 부착되어야 한다.
- 30년 이상 공공의 열람이 제한되는 기록물건이 담긴 상자에는 상자 내에 기록물의 존재를 직원에게 알리기 위해 추가라벨이 부착되어야 한다. 이 라벨은 주로 빨간색으로 인쇄되고, 'CLOSED UNTIL'(비공개기한)이라는 단어와 기록물이 공개될 수 있는 연도가 표시되어 있어야 한다. 만약 상자에 담긴 기록물이 서로 다른 연노에 공개될 수 있다면, 라벨에는 'CLOSED FOR VARIOUS UNTIL'(다양한 공개제한시기 포함)이라는 단어와 가장 마지막 공개년도가 표시되어 있어야 한다.
- 공개 제한되는 기록의 색인이 작성·유지되어야 한다. 30년 이상 공개 제한되는 각 기록물건에 대한 색인이 만들어져야 한다. 이 색인은 색인카드로 구성되어야 하며 이는 기록물이 공개되는 연도순으로 배열되어야 한다. 각 기록물건에는 별개의 카드를 사용해야 하며 공개년도, 기록물 참고번호, 생산일자, 공개연장기간 및 공개연장 허가자 등이 기재되어 있어야 한다. 만약, 연속되는 기록물건이 같은 해에 공개된다면, 그 일련의 기록물건에 대해서는 하나의 색인카드가 작성되어야 한다. 그림 20은 색인카드의 예를 보여주고 있다.

만약 기록물이 특별히 중요하고 안전한 보존을 요한다면, 비밀보존서고에 보관되어야 한다.

공개 제한된 기록물의 열람은 기록관리기관의 장이나 그 대표자 혹은 지역보존소의 장이 허가하였을 경우에만 가능하다. 담당자는 열람을 제공하기 전에 기록물에 책임이 있는 기관으로부터 허가서를 받아야 한다. 목록에 아직 기입되지 않았거나 참고번호가 부여되지 않은 기록물의 열람 또한 기록관리기관의 장이나 지역보존소의 장으로부터 허가를 받아야 한다. 그러한 모든 경우, 기록관리기관의 장은 대출서식에 서명하고 날짜를 기입해야 한다.

7. 생산기관에 기록물 대여

생산기관 또는 기록물 이관기관은 기록물을 열람하기 위해 여기에 지시된 절차를 따라야 한다. 기록물 수송시에는 전문요원이 기록물과 반드시 동행하여야 한다. 기록물건의 반출은 대여등록부에 기입되어야 한다. 만약 기록물이 요청기관이 동의한 기간 내(보통 2주)에 반납되지 않는다면, 반납요청이 이루어져야 한다.

대여등록부에는 다음과 같은 정보가 포함된다.

- 청구일련번호
- 기록물군, 시리즈 및 기록물건 번호
- 요청기관명
- 대여한 기관의 담당자 이름과 서명
- 대여일자
- 반납일자

대여등록부의 예는 그림 21에 나타나 있다.

8. 분실기록물의 확인

다음과 같은 경우 한 시리즈 내에 있어야 할 기록물건이 분실될 수 있다.

- 그 민감성이나 이관당시의 행정적인 목적과 같은 필요에 의해 기록물을 이관한 기관이 해당 기록물건을 보유하고 있는 경우
- 기록물건이 이관 전후에 분실된 경우

분실기록물등록부(그림 22)를 유지하는 것이 중요하다. 등록부는 분실된 기록물의 기록물 참고번호, 분실된 날짜, 분실이후의 추적활동 및 기타 적절한 관찰사항 등을 위한 항목이 마련되어 있어야 한다.

간지가 상자에 삽입되어 분실된 기록물 건 대신에 서가에 배열되어야 한다. 간지는 주변의 기록물 건이 옮겨지고, 교체되는 동안 견딜 수 있는 충분히 강력한 카드보드나 종이로 만들어져야 한다. 간지의 예는 그림 23에 나와 있다.

열람자에게 대출되어서 혹은, 전시 중이어서 제 위치에 없는 기록물 건은 대출서식에 의해 확인될 수 있어야 한다.

소장 기록물에 대한 매년 정수점검은 어떤 기록물이 분실되었는지를 확인할 수 있도록 한다.

9. 마이크로필름 열람

마이크로필름이 서고에 보존되고 열람실에는 셀프서비스용 마이크로필름보관함(self-service containers)이 없을 경우, 마이크로필름에 대한 열람요청은 기록의 열람요청과 같은 방식으로 처리된다. 대출신청서가 작성되고 담당자는 마이크로필름을 대출서식 앞장과 함께 열람실로 가져다준다.

열람실 담당자는 직원이 마이크로필름 판독기를 운용해 줄지, 열람자가 직접 운용할지를 결정해야 할 선택권을 가진다. 이 결정은 기기를 운용할 수 있는 열람자의 능력과 도움을 줄 수 있는 직원의 시간에 따르게 된다.

마이크로필름은 안전을 이유로 보존서고에 보존되는 것이 가장 좋다. 그러나 직원이 한정되어 있다면, 열람담당자의 감독과 안내 하에 열람자들이 스스로 이용할 수 있도록 열람실

에 보관될 수 있다.

10. 질의-응답

기록물 내용에 대한 서면을 통한 질의는 담당 직원에게 즉시 전달되어야 한다. 서면 질의에 대한 책임은 기록관리기관에서 담당자의 시간과 전문분야에 따라 적합한 직원에게 할당되는 것이 가장 바람직하다.

기록물의 내용에 대한 전화질의는 열람실 담당직원에게 신속히 전달되어야 한다. 그러한 질의는 가능한 한 빨리 응답해야 하지만, 전화질의는 우편에 의해 서면으로 발송하도록 충고해야 한다.

질의의 처리에는 다음과 같은 기본적인 2가지 원칙이 있다.

1. 소장기록물의 성격과 범위에 대해 모든 열람자에게 분명히 알려주며 열람자의 관심분야와 관련된 방식으로 이를 알려주는 것이 기록관리기관의 의무이다.
2. 질의에 응답하기 위한 검색을 행하는 것은 개별 열람자의 책임이다. 이러한 검색을 행하는 것은 기록관리기관의 책임이 아니다.

이러한 원칙에 입각해, 기록관리기관은 얼마나 많은 시간을 개별적 서면질의에 할애할 것인지, 어떤 형식으로 응답할 것인지에 대해 일관된 정책을 세워야 한다. 다음과 같은 요소들이 고려되어야 한다.

- 직원의 수
- 내방하는 열람자의 요구
- 서면 질의의 시급성 및 성격
- 서면 질의자의 위치(지역)
- 기록관리기관이 제공하고자 하는 서비스

하나의 정책이 결정되면, 기록관리기관은 교육목적을 위해 예외를 만들어두어야 한다. 서면 질의에 응답하는 것은 기록물의 내용과 범위, 현재 열람분야에 대해 담당직원이 배울수 있는 좋은 방법이기 때문이다. 일반규정에 대해 예외가 만들어지면, 질의자에게 이러한 것이 만들어졌고, 왜 만들어졌는지, 설명하는 것이 가장 좋다. 그들은 향후에도 비슷한 서비스를 기대할 것이다.

일단, 일반정책이 결정되면, 담당직원은 질의자에게 질의가 서면응답의 범위를 벗어난 것이라고 말해주더라도, 그것이 실행되는 것을 확인해 보아야 한다.

질의에 대한 응답이 처리되기 전에 담당직원은 질의처리등록부(그림 24)에 이를 기록하여야 한다. 이 등록부에는 다음과 같은 사항이 기재된다.

- 서신이 도착한 날짜
- 질의자 명
- 질의를 처리하는 담당자의 성
- 질의 주제분야(키워드 사용)
- 응답이 발송된 날짜

응답의 초안이 작성되면, 상급자는 이를 확인해 보아야 한다. 상급자는 훈련된 직원이나 새로운 직원이 작성한 질문초안을 검토해야 한다. 부정확하고 옳지 않은 단어가 사용된 서신은 기록관리기관의 인상을 저하시키는 결과를 낳는다.

초안 작성 후 승인을 받으면, 타이핑하여 '긴급'표시를 붙여 응답서신을 보내게 된다. 응답초안은 주의깊게 검토되어야 한다. 그 다음에는 질의처리등록부에 날짜를 기재하여 서명한 다음 신속히 발송해야 한다.

담당직원은 미해결된 질의가 있었는지, 적절한 조치가 취해졌는지 확인하기 위해 매주 마지막날 질의처리등록부를 검토해 보아야 한다.

11. 참고도서의 제공

직원 중 1인은 유용한 참고도서가 열람실에서 열람자들에게 이용될 수 있도록 해야 할 책임이 있다. 담당자는 적절한 도서가 구입됐는지 확인할 수 있도록 도서수집담당직원과 연락을 취해야 한다.

공간이 허락된다면, 이러한 참고도서는 목록과 함께 열람실에 보관되어야 한다. 공간이 충분하지 않다면, 목록 사본이 열람실에서 이용될 수 있어야 한다. 열람자들은 대출서식을 이용해 그들이 참고하고자 하는 도서를 대출신청할 수 있다.

12. 참고서비스 개선을 위한 특별업무

참고업무는 수요에 따라 좌우된다. 어떤 경우 모든 직원이 열람자를 돕고 서면질의에 응답해야 할 경우가 있을 것이다. 또 다른 경우, 직원에게 여유시간이 있을 수 있다. 특별프로젝트는 직원 자신의 기록물에 대한 지식을 향상시키고 열람자를 위한 기록물 열람을 증진시키기 위해 이러한 덜 바쁜시간(quieter times)에 행해지게 된다.

그러한 특별업무는 다음과 관련된다.

- 기록물에 대한 검색도구를 개발하는 것(특정 시리즈에 대한 색인의 작성 등)
- 열람자를 돕기 위해 팜플렛이나 공식자료를 발행하는 것
- 도서관 자료에 대한 편목
- 특정 기록물에 대한 연구를 수행
- 전시 계획

13. 대외홍보사업

문화적 유산에 대해 그 중요성을 홍보하고, 더욱 많은 사람들이 서비스 혜택을 볼 수 있도록 하기 위해 기록관리기관은 출판, 전시, 라디오 및 텔레비젼 방송, 기타 공공의 관심에 부합할 수 있는 방법을 포함해 대외홍보사업을 개발해야 한다.

어떤 특정 계획을 시작하기 이전에, 홍보 담당직원은 제안된 홍보프로그램을 위한 시장을 조사해야 한다. 일단 이것이 행해지면, 계획을 표현하는 가장 좋은 방법(만약 초등학교 어린이를 대상으로 한 것이라면 대학을 대상으로 하는 것과는 다르게 표현되는 것이 필요할 것이다)에 대해 세부적인 연구가 행해져야 하고 기록관리기관 외부의 전문가가 요구되기도 한다.

기록관리기관이 어떤 주요계획을 시작하기 전에 세부적인 요구비용이 계산되어야 할 필요가 있다. 홍보활동은 광고 및 수익을 제공할 수 있으나, 엄청난 재정적인 손실을 가져올 수도 있다. 자료에 대한 비용뿐만 아니라, 직원의 시간에 대한 비용도 계산에 포함되어야 한다. 어떤 계획의 가치성은 기록관리기관의 정상적인 운영에 끼치게 되는 불리한 영향의 측면에서 평가되어야 한다.

대외홍보사업의 결과 또한 고려되어야 한다. 어떤 대규모 광고프로그램은 열람자 및 서면

질의의 수를 증가시키는 결과를 초래할 수도 있다. 기록관리기관이 이러한 것들에 대처할 수 없다면 전체적인 효과는 불리한 것이 될 것이다.

홍보계획은 한사람에게 맡겨져서는 안되며 이러한 계획을 특별히 통제하기 위해 설립된 계획수행위원회(project board)에 의해 통제되어야 한다. 계획담당 책임자는 이 위원회에 보고해야 할 것이다. 위원회는 계획서와 예산을 수립하고 진행과정을 점검해야 할 것이다.

홍보계획 종료시, 위원회는 기록관리기관의 장에게 성공 또는 실패 여부가 수록된 보고서를 제출해야 한다. 이는 하나의 선례로서 유용하게 사용될 것이다.

출판(Publications)

출판물은 기본정보를 제공하는 팜플렛과 구입용 우편엽서에서부터 많은 연구결과를 담고 있는 학술도서에 이르기까지 매우 다양하다. 이러한 출판물의 형태 및 내용은 기록관리기관에 대한 강렬한 이미지를 전달해 줄 수 있다. 그러므로 외형적으로 매력적이고, 내용은 분명하고 정확한 것이 중요하다.

필요한 발행부수는 신중히 계산해 보도록 한다. 기록관리기관의 소장물을 기술하는 팜플렛과 도서는 시간이 지날수록 빠르게 낙후되어 간다. 이러한 자료들은 대규모의 양을 출판할 필요가 없다.

기록관리기관에 대한 정보를 제공하는 팜플렛은 분명하고 간결해야 하며 갱신이 쉬워야 한다. 주소, 개방시간, 복사시설 및 소장기록물에 대한 간략한 소개 등과 같은 잠재적인 열람자가 필요로 하는 기본정보를 제공하는 팜플렛은 서면질의에 대한 응답 작성시 상당한 시간을 절약할 수 있게 한다.

열람자중 상당한 부분이 유사한 질문을 한다면, 참고할 필요가 있는 기록물을 안내하면서 특정 주제에 대한 팜플렛을 제작하는 것이 고려될 수 있다. 일단 팜플렛이 비치되면, 열람자는 담당직원의 지식에 상관없이 전문적인 조언에 접근할 수 있게 된다. 하나의 개발프로젝트로서 그 주제를 연구하도록 기관을 통해 전문가를 요청하거나 특정한 직원이 지명될 수도 있다.

보다 학술적인 출판물을 발간할 경우, 필요한 직원의 시간뿐만 아니라 출판매체를 고려해야 한다. 종이 출판은 편리하지만 비용이 많이 든다. 잠재적인 열람자들은 돈을 덜 지불하고 마이크로피시 사본이나, 플로피디스크, CD-ROM(이러한 매체를 판독하는 장비가 널리 이용될수록)등을 구입하는 것을 더 선호할 수 있다.

모든 인쇄물은 인쇄되어 출판되기 전에 철저하게 교정을 거쳐야 한다. 이는 홍보계획과 관련이 없는 누군가가 담당하는 것이 가장 좋다. 타이핑 실수는 불행하게도 출판의 전문성을 훼손시킬 수 있다.

전시(Exhibitions)

다른 홍보계획과 마찬가지로, 주요전시는 특별히 임명된 프로젝트위원회에 의해 계획, 운영되어야 한다. 계획 운영책임자로 지명된 담당자에 의해 운영이 감독되고 실제적인 업무가 행해져야 한다.

전시는 기록보존소에 대한 관심을 증대시키고 선전효과를 창출하는 효과적인 방법이지만, 원본기록의 전시는 어쩔 수 없이 커다란 위험성을 반드시 수반하므로 복제본의 이용이 권장되어야 한다.

기록관리기관은 가능한 한 기록물 내용에 있어 흥미로울 뿐만 아니라 외형상으로도 매력적인 기록들을 선정하여야 한다. 전시가 강렬한 시각적 이미지를 담고 있지 못하다면 성공하기는 매우 어렵다. 기록의 확대사진이나 컬러복사 등의 이용이 효과적일 수 있다. 인물, 사건, 장소에 대한 사진이나 3차원 입체 조형물은 종이기록을 생동감있게 하고 그 내용을 설명하는데 도움이 된다.

전시를 계획할 경우, 도록의 필요여부를 결정해야 한다. 소규모 단기 전시일 경우 도록에 투자하는 것은 적합하지 않다. 대규모 전시일 경우, 전시목록뿐만 아니라 우편엽서나 다른 물건, 즉, 광범위한 효과와 수익을 줄 수 있는 것들을 제작할 수 있다.

기록관리기관은 전시회에 대해 적절하게, 올바른 장소에서 광고하도록 해야 한다. 선전의 방법에는 적당한 학술지나 신문에 광고를 싣는다든지 포스터를 제작하는 것, 라디오나 텔레비전에 정보를 알리는 것, 대학, 학교, 기타 관련된 단체에 정보를 알리는 것 등이 포함될 수 있다. VIP나 고위공무원에 의한 공식적인 개막식은 전시를 선전하고 그 명성을 상승시키는데 도움이 될 수 있다.

만약, 기록관리기관의 기록물이 전시를 위해서 다른 기관에 대여된다면, 담당자는 대여에 동의하기 전에 엄격한 조건이 지켜졌는지 확인해야 한다. 대여조건의 실례와 대여협약서의 예는 그림 25에 나와 있다.

각종 서식

다음은 이 편람에서 언급된 서식과 그림들이다. 이들은 복습과 복사할 수 있도록 함께 묶어서 정리하였다. 다음은 그 명칭이다.

1. 영구기록 이관서식
2. 영구기록 이관등록부
3. 기록물군과 시리즈 등록부
4. 위치 등록부
5. 상자표시 라벨
6. 보존서고 평면도
7. 기록물 사본 등록부
8. 대출 등록부
9. 매년 정수점검서식
10. 표준 시리즈 기술서식
11. 표준 철/건 목록서식
12. 색인카드
13. 일일 출입대장
14. 열람규정 모형
15. 열람증 신청서식
16. 열람증
17. 열람증 등록대장
18. 대출서식
19. 기록물예약 서식
20. 비공개기록물 색인
21. 대여등록부
22. 분실기록물 등록부

23. 서가표시 간지
24. 질의처리 등록부
25. 대여협약서 및 조건

영구기록 이관서식

이관번호 :	이관자 :

이관한 기관 :
이것은 자료관에서 이관한 것인가?　　　　　예 ☐　　　아니오 ☐

생산 기간 :
이 시리즈에 더 추가될 항목이 있는가?　　　예 ☐　　　아니오 ☐

양(아이템 혹은 상자 수) :
물리적 형태(철, 권 등) :

물리적 상태(문제점을 기입)

기록은 법정 비공개 기간 후에 공개될 수 있는가?(일찍 혹은 후에 공개되어야 할 개별 기록을 명기하라)

추가 정보(사진, 지도, 동전 등과 같은 특별한 자료를 포함하고 있거나, 빠뜨렸거나 보유하고 있는 아이템을 기입하라. 외부에서 이관된 기록물에 적용되는 특별조건을 명시하라.)

기록관리기관으로 이관 요청
이름 :
(기관 / 기탁인 / 자료관 대표자의) 직위 :
날짜 :

기록관리기관으로 이관 수락
이름 :　　　　　　　　　　　　*지위 :*
서명 :　　　　　　　　　　　　*날짜 :*

그림 1 : 영구기록 이관서식(1)

전문요원이 취할 조치 점검목록

조치(Action)	성명(Initial)	날짜
영구기록 점검		
영구기록 라벨화		
영구기록 목록화		
영구기록 포장		
상자 라벨화		
이관등록부에 기재된 이관 세부사항		
비공개기록의 색인에 들어간 항목-비공개 연기에 해당하는 아이템		
문서고에 넣을 기록		
위치등록부에 기입된 위치		
갱신된 문서고 평면도		
배분된 기록물건 목록		
개정된 가이드		
색인화 완료		
조치 완료		

그림 1 : 영구기록 이관서식(2)

영구기록 이관등록부

이관번호	인수날짜	인수기록 세부사항	출처 혹은 기증자	참고번호 (Archival references)	비고	인수자 이니셜과 날짜

그림 2 : 영구기록 이관등록부

제6장 각종 서식

기록물군과 시리즈 등록부		
기록물군 코드 : 기록물군 제목 :		
시리즈 번호	시리즈 제목	최종 기록물건 번호와 양

그림 3 : 기록물군과 시리즈 등록부

기록물 위치등록부

기 록 물 군_____ 시리즈번호_____

시리즈제목_____

_____

기록물건번호	서가군번호	서가위치	기록물건번호	서가군번호	서가위치

그림 4 : 기록물 위치등록부

<table>
<tr><td>기 록 물
군/시리즈</td></tr>
<tr><td>비공개기한 [연도]</td></tr>
<tr><td>철 / 건번호 - 철 / 건번호</td></tr>
</table>

예를 들면,

<table>
<tr><td>가상국 기록보존소
RG17/3</td></tr>
<tr><td>2005년까지 비공개</td></tr>
<tr><td>1-7</td></tr>
</table>

그림 5 : 상자 라벨

X = 이용가능한 서가공간

그림 6 : 보존서고 평면도

영구기록 사본 등록부			
기록물군 :			
원본의 참고번호	건 번호	사본의 유형 및 사본 번호	위 치

그림 7 : 기록물 사본 등록부

대출 날짜	신청한 시리즈번호	영구기록 참고번호	대출자	열람증번호	반납일

기록물 대출 등록부

그림 8 : 기록물 대출 등록부

연도별 기록물 정수점검

기록물 참고번호			상 태			비 고
기록물군	시리즈	기록물건 수	(a)	(b)	(c)	

(a) = 좋은 상태, 한동안 보존담당부서로부터 특별한 관심 필요치 않음

(b) = 열람하기에는 부족한 편이다 : 수선/보호가 고려되어야 함

(c) = 대출에 부적합하다 : 열람 전에 수선되어야 한다.

그림 9 : 연도별 정수점검 서식

표준 시리즈 기술 서식

기록물군 코드 : _____   시리즈번호 : _____

시리즈제목 : _____
_____

시리즈내 단위 / 기록물건의 수 : _____

물리적 특징 : _____

기술 : _____
_____
_____
_____

(필요하면 다음페이지에 계속)

이용할 수 있는 목록 : _____

이용가능성 : _____   색인 : _____

그림 10 : 표준 시리즈 기술 서식

표준 건 목록 서식

기록물군/시리즈 참고번호 : _____

시리즈 제목 : _____

기록물건 번호	생산 기간	기 술	이전 참고번호

그림 11 : 표준 철/건 목록 서식

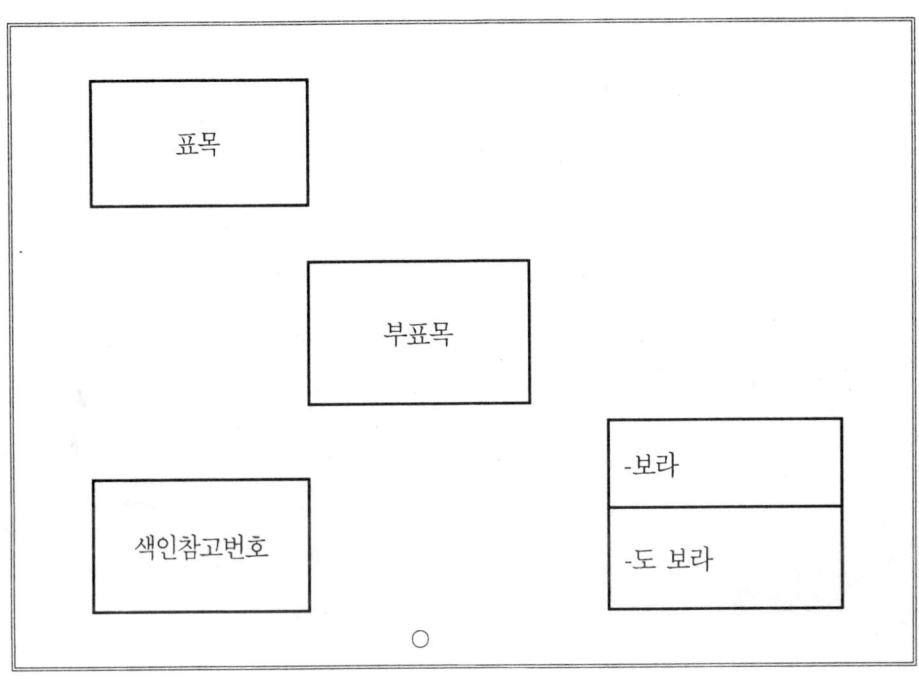

표목

부표목

-보라

-도 보라

색인참고번호

○

Brong Adams

가상국 선거구

BRG1/1

보라 :
도 보라 : 수도지역

○   *(철끈 구멍)*

그림 12 : 색인 카드

기록보존소 일일 출입 대장

날 짜	일련번호	열람증 번호	이름(인쇄체)	전화번호	연락 가능한 주소	서명

그림 13 : 일일 출입 대장

가상국 국립기록보존소의 열람규정

이 규정은 1999년 가상국 국립기록보존소법의 s. 12 (2) (b)에서 발췌한 것이다.

국립기록보존소의 열람실은 일반 근무일에는 오전 9시부터 오후 4시까지 열람자에게 개방된다. 열람증 소지자는 위 시간 중에 언제라도 열람실에 출입할 수 있다.

참고하고자 하는 영구보존기록의 성격을 알려주는 식으로 방문에 앞서 미리 국립기록보존소와 연락하는 것이 바람직하다. 이는 지루함과 불편함을 줄여줄 것이다. 이용자들은 영구보존기록이 안전하게 관리되는 문서고에 보관된다는 것을 알 수 있을 것이다. 그래서 기록을 대출하는 데 시간이 조금 걸린다. 이러한 지연을 최소화하기 위해 모든 노력이 이루어지고 있는데, 이용자들은 그러한 노력을 이해해주기 바란다.

다음의 규정에 따라 영구기록을 열람할 수 있다.

총 칙

1. 열람실 출입자는 반드시 유효한 열람증을 가지고 있어야 한다.
2. 열람실 출입자가 어떤 기록을 참고하는지, 안하는지에 관계없이 열람실을 방문하는 날마다 출입명부에 서명해야 한다.
3. 열람실에서 조용해야 한다.
4. 열람실에서 흡연해서는 안되며, 사탕을 포함하여 어떤 것도 마시거나 먹어서는 안된다.
5. 근무 중인 담당자의 허락이 있는 경우를 제외하고 열람실에 16세 이하의 사람은 들어갈 수 없다. 학교단체 혹은 학생개인의 교육적 방문은 미리 조정되어야 한다.
6. 서류가방이나 큰 가방은 열람실에 있는 동안에는 근무중인 직원에게 맡겨야 한다.

영구기록의 열람과 반환

7. 열람실 이용자는 자신이 필요로 하는 각 문건에 대해 열람표를 작성해야 한다.
8. 근무 중인 담당자의 특별허가가 있는 경우를 제외하고는, 동시에 각기 다른 3가지의 이상의 문건을 대출할 수 없다. 문건은 국립기록보존소 내에서 관리의 표준단위이다. 문건은 한 개 이상의 기록을 포함할 수도 있다.
9. 필요한 문건에 대한 열람이 끝나면, 당신은 근무중인 담당자에게 즉시 반환해야 한다. 문건을 반환할 때까지 열람자는 문건에 책임을 진다.
10. 다음날에도 계속 같은 문건으로 작업하려는 경우, '예약' 서식을 기입해야 한다.
11. 영구기록 신청은 대출 당일 오후 3시전까지 제출해야 한다. 그리고 오후 4시까지 근무 중인 담당자에게 모든 영구기록을 반환해야 한다.

영구기록 취급시 주의사항

12. 원본 영구기록에 어떤 방법으로든지 기입이나 표시를 해서는 안되고, 기록을 열람실 밖으로 가져가서도 안된다.
13. 열람실내에서 액체 잉크, 만년필, 볼펜이나 사인펜, 형광펜, 수정액이나 인도산 고무를 사용해서는 안된다. 직접 노트를 가지고 가서 연필만 사용해야 하며 연필은 열람실내의 지정된 장소에서 깎아야 한다.
14. 기록을 훼손하지 않도록 주의해야 한다. 기록에 기대거나 기록을 반으로 접거나 기록을 노트나 종이와 함께 두어서도 안된다.
15. 제본이 안된 기록은 여러분에게 제공된 순서대로 기록을 유지해야 한다. 만약 기록이 섞이게 되면 즉시 근무 중인 직원에게 이를 알려야 한다.
16. 기록에서 결함을 발견하거나 사고가 생기면 근무 중인 직원에게 보고해야 한다.
17. 근무 중인 직원은 훼손되기 쉽거나 특히 가치 있는 기록은 이용을 하지 못하게 하거나 특별한 조건하에서만 이용할 것을 요구할 수도 있다.

기록 복사

18. 트레이싱 용지를 사용한 필사를 금한다.
19. 여러분이 직접 기록을 복사할 수 없다. 복사를 위한 모든 요구사항은 복사 신청양식에 기입해야 하는데 근무 중인 직원이 복사해줄 것이다. 기록을 손상할 위험이 있을 경우 복사 요청을 거절할 수 있다.
20. 기록 복사는 책임자의 허가가 있을 때만 가능하다.

사무 장비

21. 타자기는 사용할 수 없다.
22. 배터리로 작동되는 컴퓨터를 포함한 컴퓨터의 사용은 열람실내에서 소란을 일으키지 않는다는 전제하에 근무 중인 직원의 허가가 있으면 가능하다.

국립기록보존소에서 획득한 기록의 출판

23. 기록의 사본 출판 요청은 책임자에게 알려야 한다.
24. 국립기록보존소의 소장 기록물에서 얻은 정보나 텍스트를 출판물에 발간하거나 인용할 때 이용자들은 다음의 승인 형식을 이용해야 한다.

   가상국 국립기록보존소[기록물군 코드]/[시리즈 번호]/[기록물건 번호]

   이러한 규정을 따르도록 하는 것은 국립기록보존소 직원의 의무이다. 규정을 준수하지 못하면 여러분이 사용하고 있는 기록을 빼앗기거나 극단적인 경우에 여러분의 열람증이 취소될 수 있다. 기록을 고의로 훼손한 사람은 기소될 것이다.

서명 [국립기록보존소장]　　　　　　　　　　　　　　날짜

그림 14 : 열람규정 모형

열람증 신청서

　1란과 2란을 작성하여 신분증(여권, 면허증, 공무상의 송장(送狀), 우편 주소 등)과 함께 열람실 직원에게 제출하시오.

　1란　[신청자가 직접 작성]

성 :

이름 :

국적 :

집 주소 :

대학/사무실 주소 :

직업 :

조사(Research)용도 : 학술적/업무적/개인적

자세하게 서술해 주시오.

조사 주제 :

나는 영구보존기록에 관한 규정을 읽고 준수할 것을 동의합니다.

서 명 :

날 짜 :

　　　　　　　　　　　　　　　　　　　　　　　　　　　뒷면에 계속

그림 15 : 열람증 신청서식(1)

2란 [보증인이 작성한다] (열람증을 갱신할 때는 제외)

성 :

이름 :

주소 :

직업 :

나는 -------[기간 서술]동안 신청자를 알고 있으며, 국립기록보존소의 열람자로서 그가 적합함을 보증합니다.

서 명 :

날 짜 :

직인

　* 보증인(Refree)은 국내 거주자이어야 하고 직업을 확인할 수 있어야 한다(법무관, 고위관리, 대사관 직원, 교사, 연구 책임자 등. 외국 학생들은 또한 그들이 공부하는 곳으로부터 추천받은 서류를 제출해야 한다).

3란 [기록보존기관이 작성한다]

열람증 번호 :

　[갱신한다면 처음의 열람증 번호 기재]

발행 직원의 서명 :

성 명 : (인쇄체)

날 짜 :

그림 15 : 열람증 신청서식(2)

[앞쪽]

가상국 국립기록보존소
열 람 증

열람자 성명 : _____

열람증 번호 : _____

발 급 일 : _____

만 기 일 : _____

[뒤쪽]

나는 가상국 **국립기록보존소**의 규정을 준수할것을 동의합니다

서 명 : _____

날 짜 : _____

그림 16 : 열람증

열람증 등록대장

날짜	번호	신규 혹은 갱신	만기일	성 명	본 적

* 갱신하려면 현재의 열람증 번호를 적어야 한다.

그림 17 : 열람증 등록대장

기록 대출 서식

일련번호 :

열람자 성명 :

열람증 번호 :

기록참고번호 : ⬚

대출일 :

열람담당 직원명 :
⬚

기록위치 : ⬚

대출자명 :

반납일 :

(앞장)

기록 대출 서식

일련번호 :

열람자 성명 :

열람증 번호 :

참고번호 : ⬚

대출일 :

열람담당 직원명 :
⬚

기록위치 : ⬚

대출자명 :

반납일 :

(뒷장)

그림 18 : 대출서식

예약 서식

성명 :

열람증 번호 :

날짜 :

기록물건 번호 :

대출 날짜 :

기록물건 위치 :

이 기록은 [   ](해당날짜)에 예약되어 있음.

이 기록은 다음 작업일 동안만 예약될 수 있으며, 전표마다 한 건의 기록만을 표시할 수 있다.

명료하게 작성하시오.

그림 19 : 기록물예약 서식

공개년도 :

기록물참고번호 :

생산 기간 :

연장된 비공개 기간 :

비공개 기간 연장 승인 :

예를 들면 :

2015

RG17/3

1959-1964

50년

기관장의 자격으로 1994년 11월 22일 승인

그림 20 : 비공개기록물 색인

대여 등록부

요청 일련번호	기록물 참고번호	대여일	대여대상자	비고	반납일

그림 21 : 대여 등록부

분실 기록물 등록부		
기록물 참고번호	분실일	비고

그림 22 : 분실 기록물 등록부

서가표시 간지
(이는 분실된 기록물건의 위치를 표시한다)

기록물 참고번호 :

비고 :

서명 :

날짜 :

그림 23 : 서가표시 간지

질의 처리 등록부

일련 번호	접수 날짜	질의자명	주 제	담당자	회신 날짜

그림 24 : 질의처리 등록부

대여조건수락서식(Loan Conditions Acceptance Form)

서명 후 이 서식은 돌려주시오 1부는 보관용입니다.

전시회가 열리는 기관의 이름과 주소 :

서신을 접수할 분의 이름과 주소 :

전시회 제목(title) :

전시 기간 :

　전시될 개별 페이지나 문건 번호를 포함하여, 요구한 기록의 국립기록보존소 참고번호와 기술내용(필요하다면 별지 첨부) :

보관 및 안전에 관한 정보 :

전시회장의 온도와 습도의 변화 :

전시회장 조명의 자연광 인공광 여부 :

전시회 개최 때의 조도 :

진열대 잠금장치 :

전시회의 24시간 안전통제 여부 :

전시회 운영 비상 계획 :

　저는 가상국 국립기록보존소로부터 영구보존기록 원본을 대여하기 위한 상기 조건을 읽고 동의하며 대여에 관한 재정적 관리적 책임을 수락합니다.

서명 :　　　　　　　　　　　　　　일시 :

성명(인쇄체) :　　　　　　　　　　직위 :

그림 25 : 대여조건 및 대여협약서

가상국 국립기록보존소
전시회를 위한 영구보존기록물의 대여

　현행 법률상, 국립기록보존소의 관리자는 전시회에 전시하기 위하여, 그리고 다른 적합한 목적을 위하여 기록(documents)을 빌려줄 권한을 갖는다. 국립기록보존소에서 기록을 대여하고자 하는 신청자는 아래 규정된 조건을 충족시켜야 하며, 동봉된 대여 조건 승인서에 서명하여야 한다. 이 조건은 국립보존소 기관장에 의하여 제정된 것이다.

일반 조건
1. 대여 신청은 필요한 조건점검, 보존, 사진촬영, 설치에 필요한 충분한 시간을 확보하기 위해 적어도 예정된 전시 개시일 3개월 이전에 접수되어야 한다.
2. 국립기록보존소의 선임 직원은 전시회 전후에 신청자가 요구한 문건을 가지고 가는데, 그는 전시장소의 조건이 불만족스러운 경우에 대여한 기록을 회수할 수 있는 절대적인 재량권을 갖는다.
3. 차용자는 대여과정에서 국립기록보존소에서 발생한 모든 지출에 대한 책임을 진다. 여기에는 다음 사항이 포함된다;
   　　네거티브 필름과 마이크로필름을 보호하는데 드는 비용
   　　필요한 보험 가입
   　　전시 문건을 취급, 설치, 포장하는데 드는 비용
   　　운송시 전시품을 가지고 가는 기록보존소 직원의 여행 및 출장경비
4. 문건은 공공 전시 목적으로만 대여되고, 기록보존소 기관장의 서면 동의 없이는 진열장 외의 연구나 다른 목적을 위해 사용될 수 없다. 문건을 전시 진열장에 설치한 후에는 어떤 비상사태의 경우를 제외하고는 전시회가 끝날 때까지 안정된 상태로 두어야 한다.
5. 대여된 어떤 문건에도 연필이나, 잉크, 페인트나 다른 물질로 표시해서는 안되며, 이미 표시가 되어 있는 것은 어떤 것도 지울 수 없다. 문건에 어떠한 종류의 접착제도 사용해서는 안된다. 문건을 고정시키거나 진열하는데 사용하는 모든 재료는 탈산(acid free) 재료이어야 한다.
6. 전시 목적으로 사용된 모든 제목과 카탈로그, 안내문에 기록하는 내용 설명에는 그 문건에 대한 온전한 기록물 참고코드와 함께 가상국 국립기록보존소에서 대여한 문건이라는 사실을 나타내야 한다.
7. 전시회 카탈로그 사본 1부를 무료로 가상국 국립기록보존소에 보내야 한다.
8. 대여 합의서에 있는 문건이라고 하더라도, 대여해간 책임자는 국립기록보존소 기관장의 서면 요구가 있을 경우에는 일부 또는 모든 품목을 반환해야 한다.
9. 국립기록보존소 기관장은 어느 때라도 대여를 중지할 권한을 갖는다.

안전

10. 전시의 전제는 모든 면에서 안전과 보안에 있다. 문건이 대여되기 전에 충분한 안전 장치가 가동되어야 한다.

11. 모든 문건은 잠금장치가 있는 진열장에 전시해야 한다. 다른 전시 방법, 특히 벽에 설치할 경우에는 기록보존소 직원과 사전에 미리 협의해야 한다.

12. 전시회에 동행한 국립기록보존소의 담당자가 진열장의 잠금장치를 감독하고 문건을 설치한다. 이후 전시물과 전시 설치물은 그대로 유지되어야 한다. 국립기록보존소는 특정 진열장에 경보기 설치를 요구할 권한을 갖는다.

13. 국립기록보존소와 합의한 것 이외의 보존작업을 해서는 안된다.

전시환경

14. 전시 공간의 온도는 섭씨 20℃를 초과해서는 안된다. 상대습도는 55%(±5%)이어야 한다. 조명은 50룩스를 초과해서는 안된다.

15. 전시장은 금연구역이다.

손실에 대비한 보험가입(손해보험)

16. 기록보존소는 어떤 경우에도 청구할 수 있는 보험범위(보험액)를 결정할 것이다.

포장과 전시

17. 국립기록보존소는 전시회 전후의 운송을 위해 모든 문건을 포장한다.

18. 차용자는 전시품을 반환할 때 다시 사용할 수 있도록 전시기간동안 포장용기를 안전하게 보관해야 한다.

19. 기록보존소는 전시요원과 동의한 대로 설치작업을 진행한다. 설치물이나 지탱물은 전시기간동안 제거하거나 바꿀 수 없다.

이송

20. 문건은 위험을 최소화하고, 국립기록보존소의 열람자들에게 불편을 주지 않기 위하여 전시회가 열리기 바로 전에 이송한다.

21. 국립기록보존소는 이용할 운송 방법을 결정해야 한다. 문건의 이송은 기록보존소 직원의 감독 하에 해야 한다.

22. 정해진 전시장소 이외의 다른 어떤 곳에도 문건을 보관해서는 안된다.

복제

23. 사진촬영은 조명의 적합한 수준을 결정할 수 있는 권한을 가진 국립기록보존소 관리자나 동행한 기록보존소 직원의 서면 동의서가 있는 경우에만 허용된다.

24. 국립기록보존소를 떠나기 전에 모든 문건의 보안용 사본이 만들어져야 할 것이다.

그림 25 : 대여조건 서식 및 대여협약서(계속)

ㄱ~

색 인

기록보존소의 기록관리 : 업무편람

옮긴이 이 젬 마
감 수 한국국가기록연구원
펴낸이 조 현 수
펴낸곳 도서출판 진리탐구

초판 1쇄 인쇄 2004년 12월 10일
초판 1쇄 발행 2004년 12월 15일

주소 (121-040) 서울시 마포구 도화동 36번지
           고려아카데미텔Ⅱ 1320호
전화번호 02) 703-6943, 4
전송번호 02) 701-9352

출판등록일 1993년 11월 17일
출판등록번호 제 10-898호

ISBN 89-8485-096-9

※ 잘못된 책은 바꿔드립니다. 가격은 표지에 있습니다.